Guide Visuel
DE CULTURE

Elodie Marconnet & Nicolas Coulon

Bonsaïs

Comment les cultiver facilement

ulmer

Introduction

Notre envie d'écrire ce livre est venue d'un constat simple, beaucoup de personnes pensent encore que le bonsaï est compliqué, difficile, fragile, etc. Pourtant, si on est un minimum attentif à son arbre, c'est un art et une passion accessible à tous.
En effet, avec les bonnes explications, on peut facilement prendre soin de son arbre, le maintenir en bonne santé et le former pendant de longues années.
Il est normal de rencontrer des échecs avec le bonsaï, mais ce n'est pas une raison pour se décourager.
Nous apprenons de nos échecs, ils nous font avancer et comprendre quelles sont les erreurs à ne pas reproduire.
Nous allons donc vous donner les clés pour réussir dans l'art du bonsaï, vous permettre de comprendre comment pousse un arbre, d'acquérir les bases de l'entretien et de vous simplifier les techniques plus avancées.

1/Généralités

2/L'entretien régulier

3/Les techniques plus avancées

4/Bonsaïs d'intérieur

5/Bonsaïs d'extérieur

Généralités

Bonsaï signifie « arbre ou plante qui vit dans un pot », du japonais « Bon » qui veut dire *pot* et « Sai » *arbre*. Un bonsaï est donc apparemment un arbre qui vit dans un pot. Cependant, n'est pas bonsaï qui veut. Pour qualifier véritablement un arbre de bonsaï, il est nécessaire qu'il respecte certaines formes et styles.

Histoire du bonsaï

NÉ EN CHINE IL Y A PLUS DE 2000 ANS, C'EST AU JAPON QUE L'ART DU BONSAÏ, TEL QUE NOUS LE CONNAISSONS AUJOURD'HUI, S'EST DÉVELOPPÉ.

Asie

Le bonsaï est un art créé il y a plus de 2 000 ans dans l'empire chinois sous la dynastie des Han. Il consistait à créer des paysages miniatures avec des roches et plusieurs arbres dans le même pot. Cet art, le Penjing, était alors uniquement réservé à l'élite.
Ce n'est que 1 300 ans plus tard que les Japonais ont repris cet art et l'ont codifié, influencés par le bouddhisme.
Ainsi est né le bonsaï tel qu'on le connaît aujourd'hui.
Le village d'Omiya est connu pour être la capitale du bonsaï : un groupe de pépinières de bonsaï y est installé depuis 1925 ; c'est une destination incontournable pour les mordus de bonsaï.

Europe

En Europe, le bonsaï a été introduit, d'abord à Paris en 1878 lors de la troisième exposition universelle de Paris, puis un peu plus tard, en 1909, dans une exposition privée à Londres. Ce n'est que plus récemment, dans les années 1980/1990, que le bonsaï s'est popularisé en France. Cependant, il persiste encore une grande méconnaissance du bonsaï due aux informations incomplètes, voire absentes, en grande surface. Nos voisins anglais ou néerlandais sont plus sensibilisés sur l'entretien des bonsaïs que nous.

États-Unis

Ce n'est qu'après la Seconde Guerre mondiale que le bonsaï a commencé à être importé du Japon aux États-Unis. Aujourd'hui, l'art du bonsaï devient de plus en plus accessible, porté par de jeunes bonsaï-ka comme Ryan Neil.

BIEN CHOISIR SON BONSAÏ

Le nébari est l'une des premières choses que l'on regarde chez un bonsaï pour le choisir. En effet, lorsque l'arbre a atteint un certain âge, c'est une partie qu'il est difficile de modifier. La base du tronc doit être en étoile et un peu plus large que le reste du tronc. La forme d'ensemble du bonsaï se doit d'être en forme de pyramide. La cime de l'arbre est la partie la plus fine, les branches hautes doivent donc être courtes et le bas de la ramure composé par les branches basses doit être plus large que le haut.

Bonsaïs d'extérieur se parant de leurs couleurs d'automne (du fond vers le premier plan) : métaséquoia, charme, érable *shishigashira* et érable *palmatum*, cotonéaster et ginkgo.

Styles et dimensions

BIEN QUE CHAQUE BONSAÏ SOIT UNIQUE ET DIFFÉRENT, IL EXISTE UNE CLASSIFICATION DES STYLES ET DES TAILLES QUI PORTENT CHACUN UN NOM EN JAPONAIS.

Styles principaux

Chokkan (droit classique) : tronc droit et vertical, forme très commune.

Moyogi (droit informel) : porte des branches à l'extérieur de chaque courbe. Dans la nature, ces arbres sont sujets à des vents changeants.

Shakan (penché) : la première branche basse se trouve à l'opposé du côté penché pour donner un sentiment d'équilibre.

Hokidachi (forme balai) : tronc droit et vertical, les branches s'étendent en étoile en une ramification dense et fine.

Bankan (torsadé) : tronc fortement torsadé, les branches poussent sur les extérieurs des courbes. Rarement vu dans la nature.

Kengai (en cascade) : le bonsaï est installé dans un pot assez profond et étroit et les branches tombent au-delà des pieds du pot.

Hankengai (semi-cascade) : comme le précédent, à la différence que les branches sont moins plongeantes.

Fukinagashi (battu par les vents) : les branches sont toutes orientées dans la même direction.

Bunjingi (lettré) : style dépouillé et raffiné, il s'agit d'un arbre assez haut dont la cime porte seulement 3 ou 4 branches.

Styles complémentaires

Sharimiki (tronc écorcé) : fait l'effet d'un arbre usé par le temps ou une météo difficile. Donne beaucoup de caractère au bonsaï.

Néagari (racines exposées) : les racines aériennes sortent de la terre. Tronc et ramification fins et courts.

Sekijoju (racine enserrant une roche) : l'arbre est planté sur une roche et l'entoure de ses racines.

Ishitsuki (planté sur une roche) : les racines se frayent un chemin dans les fissures et les trous de la roche.

Styles en groupe

Sokan : tronc dédoublé (même racine) ou double tronc (arbres différents).

Ikadabuki : forme « en radeau » obtenue lorsque l'arbre tombe au sol. Il prend racine et les anciennes branches latérales deviennent de nouveaux troncs.

Kabudachi : plusieurs troncs soudés à la base (même racine).

Netsunagari : plusieurs troncs provenant d'une même racine sinueuse.

Yoseue : forêt, formation de plusieurs arbres, en nombre impair.

Différentes dimensions

Différents paliers ont été créés par les Japonais pour distinguer chaque hauteur de bonsaï. Cependant on peut les regrouper en fonction du « nombre de mains » nécessaires pour les transporter :

- **Mame et Shohin :** bonsaï à une main (jusqu'à 13 cm pour les Mame et jusqu'à 23 cm pour les shohin).
- **Komono, Katade mochi et Chumono/Chiu :** bonsaï à deux mains (de 15 à 90 cm).
- **Omono :** bonsaï à quatre mains (de 60 cm à 1,20 m voire plus, ils représentent des arbres imposants et souvent très âgés).

Mame et Shohin

De Komono à Chumono

Omono

Anatomie et évolution

UN ARBRE CROÎT DE MANIÈRE CONCENTRIQUE : PLUS IL GRANDIT, PLUS LE TRONC ET LES BRANCHES GROSSISSENT.

Le tronc et les branches

On peut déterminer l'âge approximatif d'un arbre en comptant le nombre d'anneaux que l'on peut voir sur une coupe du tronc. Chaque anneau correspond à une année. Les arbres ont également une croissance apicale qui, selon les espèces, est soit dominante soit faible. On peut le reconnaître grâce à la forme de l'arbre. Une forme conique témoigne d'une forte dominance apicale, une forme en boule ou étalée, d'une croissance apicale faible. Ces derniers vont ainsi se ramifier plus tôt tandis que les premiers vont d'abord atteindre leur taille « adulte » avant de se ramifier. On peut ainsi influencer la pousse de l'arbre en taillant le bourgeon apical. On peut faire de même pour les branches dont le bourgeon terminal possède les mêmes caractéristiques. Les rameaux, eux, grandissent dès le printemps et cessent de croître à la fin de la période de végétation. Dès la fin de l'été, le bois se lignifie, on dit qu'il est aoûté. On peut ainsi différencier le bois poussé de l'année et celui de l'année passée par la couleur de l'écorce et le bourrelet cicatriciel entre les deux segments.

PÉRIODE DE CROISSANCE

La croissance s'effectue majoritairement au printemps, surtout sous notre climat français. Une pause de développement s'effectue en été et une seconde pousse plus lente reprend en automne. Cependant, chaque espèce réagit différemment. Les arbres à feuillage persistant, par exemple, ont une pousse un peu plus répartie sur toute l'année, comme le ficus qui pousse fortement en été. Aussi est-il préférable de prendre en compte le cycle de croissance de chaque arbre avant d'effectuer tout travail dessus.

Les feuilles/aiguilles

Les feuilles sont les panneaux solaires de l'arbre. Elles captent la lumière du soleil. Sans elles, il n'y aurait pas de photosynthèse et pas de sève élaborée qui repart du liber vers le reste de l'arbre. Les feuilles permettent à l'arbre d'effectuer des échanges gazeux avec son environnement : elles produisent de l'O_2 et captent le CO_2. Elles transpirent également; ainsi, lorsqu'on taille les racines d'un arbre, il est nécessaire de diminuer sa transpiration et ainsi sa perte d'eau en taillant le feuillage. Cela permet de soulager l'arbre.

Les racines

Elles se composent de radicelles qui se ramifient en poils. Ces poils puisent dans l'eau et dans le sol les éléments nutritifs dont l'arbre a besoin. Les racines ont également pour fonction d'ancrer l'arbre dans le sol afin de le maintenir stable. Les racines respirent : elles puisent l'oxygène dans le sol, c'est la raison pour laquelle il est important d'avoir un substrat aéré et drainant.

Les bourgeons et les boutons floraux

Les bourgeons apparaissent à l'automne et sont la promesse de nouvelles feuilles et branches. Les boutons floraux apparaissent à différentes saisons selon l'espèce de l'arbre (les boutons des azalées apparaissent quasiment 8 mois en avance avant de s'ouvrir).

LA STRUCTURE DU BOIS

- **Le duramen** est la partie centrale de l'arbre, la plus ancienne. Elle est formée d'anciennes cellules de l'aubier.
- **L'aubier** est la partie la plus récente de l'arbre. Elle assure la montée de la sève brute vers la cime.
- **Le cambium** est le cœur de l'arbre, la partie la plus active. Il assure sa croissance, génère des cellules vers l'intérieur (l'aubier) et vers l'extérieur (le liber). C'est au niveau du cambium que l'on effectue une greffe. Il permet la cicatrisation des plaies.
- **Le liber** assure la descente de la sève provenant du feuillage.
- **L'écorce** a un rôle protecteur contre les agressions extérieures. C'est la peau de l'arbre, elle n'est pas étanche et permet une respiration.

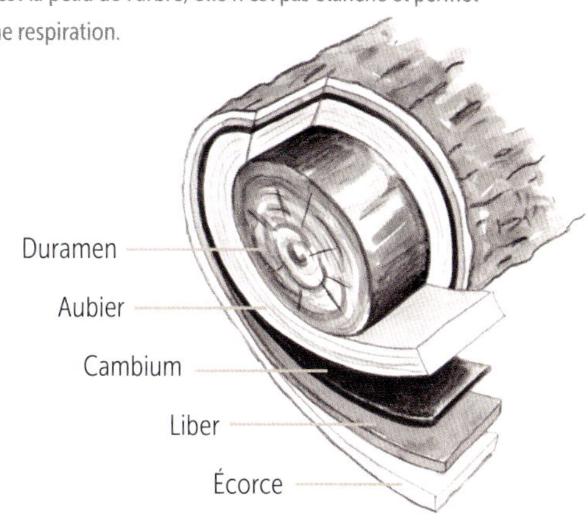

Poterie

LA POTERIE EST LE CONTENANT METTANT VOTRE BONSAÏ EN VALEUR, QUI DOIT RESPECTER DES CRITÈRES ESTHÉTIQUES MAIS AUSSI TECHNIQUES POUR LA BONNE SANTÉ DE L'ARBRE. SON CHOIX DÉPEND DE SA TAILLE : IL FAUT CHERCHER L'HARMONIE.

La taille du pot

La ramure de l'arbre doit dépasser légèrement du pot. Si on choisit un pot trop petit, l'arbre aura l'air beaucoup trop grand et trop serré et, à l'inverse, si on prend un pot trop grand, l'arbre aura l'air ridicule dans sa poterie. Il arrive cependant que l'on choisisse exprès un pot un peu trop grand pour son arbre, on appelle cela un pot de culture. Le but étant de laisser de la place à l'arbre afin qu'il étende ses racines, pousse et grossisse plus rapidement que dans un pot à bonsaï.

La profondeur du pot

Dans le bonsaï, on cherche toujours à mettre des pots de moins en moins profonds pour une question d'esthétisme. Cependant, il faut aussi prendre en compte la taille du pain racinaire et ne pas empiéter sur l'autonomie de l'arbre au niveau de son arrosage. La hauteur du pot se doit d'être plus ou moins égale au diamètre du tronc. Plus un pot sera grand et profond, moins la terre séchera vite. Attention donc au piège des petits pots : ils sont très jolis, mais les arbres y seront plus difficiles à entretenir.

La forme du pot

Rectangulaire, ovale, rond ou en cascade sont les formes les plus courantes. On trouve également des poteries en forme de demi-lune, appelées aussi conques, des poteries artisanales (peu courantes).

- Les poteries rectangulaires sont dites masculines et donc plus brutes.
- Les poteries ovales et rondes sont dites féminines et donc plus fines. Elles donnent un côté plus doux à l'arbre. Elles sont souvent utilisées sur des bonsaïs qui ont plusieurs faces, ainsi peu importe d'où on le regarde, le pot sera toujours dans le bon sens et l'arbre beau de n'importe quel côté.
- Les plateaux sont quant à eux souvent utilisés pour mettre en valeur les forêts.

Portulacaria en poterie chinoise cascade.

La couleur du pot

Émaillé ou non émaillé, vert, bleu, ivoire, terre ou rouge de feu sont les principales couleurs que l'on retrouve dans les pots à bonsaï. On essaye d'utiliser une couleur qui mettra en valeur son bonsaï sans lui voler la vedette. Le premier regard doit se poser sur l'arbre et non sur la poterie.

Il ne faut pas que le pot soit vernissé à l'intérieur. Cela empêche les racines de s'accrocher à la paroi pour permettre à l'arbre de s'y fixer et cela bloque les échanges gazeux entre l'intérieur et l'extérieur du pot.

La qualité du pot

Les poteries japonaises : on les retrouve le plus souvent chez les spécialistes du bonsaï. Ce sont des poteries de très bonne qualité. Les « meilleures » poteries et les plus recherchées sont celles provenant de la région de Tokoname. Cette région est réputée pour produire depuis près d'un millénaire des poteries de très grande qualité, assez coûteuses.

Les poteries chinoises : la plupart du temps de moins bonne qualité, leurs finitions sont moins bonnes et elles sont plus fragiles. Cependant, il existe de très anciennes poteries chinoises, très recherchées, assez rares et de très bonne qualité.

Les poteries d'Indonésie : leur qualité se situe entre les poteries de Chine et celles du Japon. Elles sont plus souvent utilisées pour des arbres d'intérieur mais peuvent tout à fait supporter les gelées.

Les poteries artisanales : réalisées par des potiers, elles sont souvent de très bonne qualité ; le grain et la texture du pot sont assez recherchés et mettent parfaitement l'arbre en valeur.

Ces poteries font toujours leur effet sur les bonsaïs. On les reconnaît souvent au poinçon apposé sous le pot (c'est la marque du potier).

ESSENTIEL

Un pot à bonsaï se doit d'avoir toujours des trous de drainage, pour permettre à l'excès d'eau de s'évacuer. Vérifiez que le fond du pot soit légèrement concave afin que l'eau ne stagne pas sur les côtés et provoque un excès d'eau. La poterie doit être non gélive, pour éviter qu'elle casse lors des gelées d'hiver.

Substrat

TOUT COMME POUR LA TEMPÉRATURE, CHAQUE ESPÈCE A SES PROPRES BESOINS EN MATIÈRE DE SUBSTRAT : ON DISTINGUE LES CONIFÈRES, LES ARBRES ACIDOPHILES ET LES AUTRES BONSAÏS.

Akadama

Kiryu

Kanuma

Les composants

Akadama : terre argileuse neutre venant du Japon, en forme de grain, de petite, moyenne ou grande taille. Elle a une forte capacité de rétention d'eau qui lui permet également d'absorber les éléments nutritifs et de les restituer à l'arbre.

Kiryu : sable granitique en forme de grain de petite, moyenne ou grande taille, provenant de rivière au Japon, utilisé pour drainer. Il permet une bonne aération du sol et donc d'un bon développement des racines.

Kanuma : terre acide provenant de la région de Kanuma, au Japon, utilisée pour tous les arbres acidophiles, tels que les azalées. Elle permet également un bon drainage.

Les proportions

Les conifères ont besoin d'un mélange assez drainant, on peut donc leur constituer un mélange moitié akadama et moitié kiryu.

Les arbres acidophiles tels que les azalées auront besoin d'un mélange différent à base de 40 % de kanuma, 40 % de terre de bruyère et de 20 % de kiryu.

Pour les autres bonsaïs, un mélange de 40 % d'akadama, 40 % de terreau universel (il permet à l'arbre d'absorber l'azote par son activité microbienne) et de 20 % de kiryu sera adapté.

Engrais en granules

Engrais en microgranules

Déposez l'engrais en fine couche sur un sol mouillé.

L'engrais

Le volume des pots étant trop petit pour constituer une véritable réserve nutritive, l'utilisation d'engrais est nécessaire pour nourrir les arbres.

Les engrais sont essentiellement composés de trois éléments indispensables chez les végétaux :

- L'azote (N) favorise la croissance des feuilles. Lorsque l'arbre est en carence, ses feuilles sont très claires, tandis qu'un excès entraînera la formation de grandes feuilles et de longs entre-nœuds.
- Le phosphore (P) aide au développement du système racinaire et à la formation des fleurs.
- La potasse (K) augmente la résistante face aux maladies, aux intempéries et aux parasites. Elle permet aussi d'obtenir de petits entre-nœuds.

D'autres éléments en plus faibles quantités composent l'engrais et sont également indispensables à l'arbre comme le magnésium, le fer, le calcium, le cuivre, le zinc et le manganèse.

LES ERREURS À ÉVITER

- Mettre de l'engrais liquide sur un sol sec.
- Mettre trop d'engrais, cela entraîne une concentration trop forte en sels minéraux dans l'eau du substrat et peut provoquer un dessèchement et la mort de l'arbre.

Il existe des engrais de différentes consistances :

- Les engrais liquides, de composition organo-minérale, se diffusent rapidement dans le sol et ont l'effet d'un coup de fouet (attention au surdosage).
- Les engrais solides, à composition organique, sont à diffusion lente (il y a donc beaucoup moins de risque de surdosage). Ils existent sous forme de granules (on mettra 2 ou 3 granules dans chaque coin du pot) ou microgranules (à déposer en fine couche sur sol humide tout autour de l'arbre en évitant d'être trop près du tronc).

REMPOTER

Le rempotage est le renouvellement du substrat. Il est conseillé de l'effectuer tous les 2 à 3 ans. Plus l'arbre est âgé, moins les rempotages seront rapprochés. Son système racinaire étant bien développé, arrivé à un certain âge, les arbres poussent beaucoup plus lentement et n'ont donc pas besoin d'un rempotage aussi rapproché. La périodicité du rempotage dépend également de la taille du pot. Plus le pot est petit, plus les rempotages seront rapprochés.

Exposition

LA LUMIÈRE EST L'UN DES PRINCIPAUX BESOINS DU BONSAÏ POUR VIVRE. SANS UNE BONNE EXPOSITION, L'ARBRE FINIRAIT PAR S'AFFAIBLIR ET MOURIR. LES BONSAÏS D'INTÉRIEUR ET D'EXTÉRIEUR N'ONT PAS LES MÊMES BESOINS.

Bonsaïs d'intérieur

En hiver : Les arbres dits d'intérieur passent l'hiver protégés des gelées dans nos intérieurs. C'est à ce moment que le manque de lumière peut être fatal. Il est donc nécessaire de placer votre arbre le plus près possible de la fenêtre la plus lumineuse. Pensez également à tourner votre arbre de temps en temps afin qu'il profite de la lumière de tous les côtés. Vous pouvez placer votre arbre derrière une fenêtre plein sud : les vitres coupant la plupart des UV, les feuilles ne risquent pas de prendre un coup de soleil, mais sa terre séchera d'autant plus vite. Il faudra alors assurer un bon arrosage régulier. Si vous voulez éviter d'arroser trop régulièrement en été, placez-le derrière une fenêtre lumineuse, mais pas plein sud.

Au printemps : Lorsque les beaux jours reviennent et que les gelées sont passées, vous pouvez sortir vos bonsaïs d'intérieur. Certaines espèces comme le poivrier du Japon ont du mal à supporter le plein soleil à la sortie de l'hiver. Placez donc vos arbres à l'ombre ou à la mi-ombre pour commencer le printemps. Dès que les arbres se sont habitués, ils peuvent prendre le plein soleil.

En été : À l'arrivée de l'été et de sa chaleur, évitez absolument le plein sud. Les pots chaufferont au contact du soleil, la chaleur sera trop intense pour les racines et la terre séchera très vite. Privilégiez donc une situation à l'ombre ou mi-ombre.

En hiver, placez vos bonsaïs d'intérieur à moins d'1 mètre de la fenêtre.

Les bonsaïs d'extérieur sont placés en pleine lumière durant l'hiver, mais en été, il faut veiller à les abriter du soleil direct.

Bonsaïs d'extérieur

Les bonsaïs d'extérieur, comme leur nom l'indique, restent toute l'année dehors.

En hiver : Vous pouvez les placer en plein soleil, les persistants et semi-persistants profiteront de la lumière et lors des gelées, les premiers rayons de soleil permettront à la terre de dégeler rapidement.

Printemps/été : Le reste de l'année, une situation ombre/mi-ombre ou sous une toile d'ombrage sera appréciée par votre bonsaï. Évitez le plein sud en été, peu importe l'espèce d'arbre. Les pots sont trop petits pour garder la fraîcheur du sol et chauffent très rapidement au moindre rayon de soleil.

LES INDICES D'UN MANQUE DE LUMIÈRE

- de longs entre-nœuds (intervalle entre chaque feuille)
- une chute des feuilles vertes, surtout sur les parties les moins exposées à la lumière
- des feuilles très grandes
- un substrat qui ne sèche plus.

LES DANGERS DU SOLEIL D'ÉTÉ

Les feuilles de cet *Enkiantus* n'ont pas apprécié le plein soleil d'été et le bout des feuilles a légèrement grillé.

Température

LA TEMPÉRATURE INFLUE SUR LE COMPORTEMENT DE L'ARBRE, TOUT COMME LA LUMIÈRE. ET LA CHALEUR EST LIÉE À LA LUMIÈRE : PLUS IL FERA CHAUD, PLUS L'ARBRE AURA BESOIN DE LUMIÈRE. DE MÊME QU'UN ARBRE EN PLEIN SOLEIL SOUFFRIRA PLUS VITE DE LA CHALEUR QU'UN ARBRE À L'OMBRE.

Du froid en hiver

Les bonsaïs d'extérieur ont besoin de subir un vrai froid en hiver pour se mettre en dormance. Si on les plaçait à l'intérieur l'hiver, ils auraient trop chaud et s'épuiseraient. **Un arbre d'intérieur** a lui aussi besoin d'une baisse de température, mais moins marquée que les bonsaïs d'extérieur, car ils craignent les gelées.

De la chaleur le reste de l'année

Le reste de l'année, les bonsaïs aiment la chaleur (accompagnée de lumière), mais attention aux coups de soif si l'arrosage ne suit pas. La chaleur fait transpirer les feuilles. Les bonsaïs à feuillage épais et charnu ou à aiguilles résistent beaucoup plus à la chaleur que ceux dotés d'un feuillage fin et tendre.

La chaleur a également une influence sur l'assimilation des éléments nutritifs dans la terre et l'engrais. Les arbres ne peuvent assimiler ces éléments que dans une certaine tranche de température. S'il fait trop chaud ou trop froid, votre bonsaï ne les assimilera plus.

COUP DE SOIF

On visualise très facilement un coup de soif sur les bonsaïs à feuillage tendre : les feuilles fanent et ramollissent, comme vidées de leur eau. Ci-dessous, ce *Serissa* a subi un coup de soif et à besoin d'être vite réhydraté.

Ci-contre : érables en automne.
À droite : azalée sous le soleil en été.

Outils de base

UNE FOIS QUE L'ON MAÎTRISE L'ENTRETIEN AU QUOTIDIEN DE SON ARBRE, À SAVOIR LA LUMIÈRE ET L'ARROSAGE QUI NE NÉCESSITENT PAS FORCÉMENT DE MATÉRIEL SPÉCIFIQUE, ON PEUT SE FAMILIARISER AVEC LES OUTILS DE BASE ET S'ÉQUIPER AVEC UN OUTILLAGE ADAPTÉ.

Les ciseaux

Lorsqu'on débute, le premier outil à avoir est une paire de ciseaux bien aiguisée. Elle sert à tailler les brindilles, les petites branches, les feuilles, mais aussi les racines.
Il existe plusieurs types de ciseaux :

- **Les ciseaux longs** ①, très utiles pour travailler l'intérieur d'une ramure épaisse.
- **Les ciseaux de paume** ② sont ceux que l'on croise couramment car ils sont polyvalents : ils permettent de tailler les branches de l'arbre mais également ses racines lors du rempotage. Leur lame est plus épaisse que les ciseaux longs et permet par conséquent de tailler des branches un peu plus grosses que ces derniers.
- **Les ciseaux intermédiaires** ③, mix entre les deux précédents, longs avec une lame assez épaisse, sont très pratiques.

Ces ciseaux existent en différentes tailles, on les choisit en fonction de la taille de sa main et de celle des arbres.

Les pinces

Les pinces concaves ④ sont le deuxième outil à avoir dans sa panoplie du parfait bonsai-ka. Elles servent à couper de manière nette les branches principales du tronc, ce qui permet une cicatrisation plus rapide sans laisser trop de marques.

Les pinces à creuser ⑤ (également appelées pinces à œil, ou pinces à nœud), plus spécialisées, ne s'utilisent que pour couper les branches près du tronc. Elles laissent une plaie légèrement creusée qui permet d'éviter la formation de bourrelets de cicatrisation.

Il existe de nombreux intermédiaires entre ces deux types. Ces pinces existent aussi en différentes tailles, selon la taille de son arbre et des branches à couper.

Les pinces à racines ⑥ servent à couper les grosses racines lors du rempotage.

Taille de gourmands d'un troène à l'aide d'une pince concave.

Outils plus techniques

PLUS ON TRAVAILLE SES ARBRES ET PLUS LES BESOINS EN OUTILS SERONT SPÉCIFIQUES. IL EXISTE D'AUTRES OUTILS PERMETTANT D'EFFECTUER CES TRAVAUX.

Les outils de taille

Sécateur (1) : Outil entre les ciseaux et les pinces. Il permet de tailler des branches trop épaisses pour les ciseaux et trop fines pour les pinces.

Ciseaux à feuilles (2) : Ciseaux très fins destinés comme leur nom l'indique à la taille des feuilles lorsqu'on défolie un arbre par exemple.

Scie pliable (3) : Scie à lames très rapprochées et à double hauteur, ce qui permet une coupe nette et propre.
Elle s'utilise lorsqu'on doit couper une branche trop grosse pour une pince.

Couteau à greffer (4) : Permet d'effectuer une incision dans l'écorce de l'arbre afin d'y insérer un greffon.

Mastic : Pâte légèrement liquide que l'on applique sur les plaies ouvertes afin de les protéger des bactéries.
Le bonsaï cicatrise ainsi plus facilement.

Les outils de rempotage

Crochet à racines (1 dent) (5) : Permet de démêler le pain racinaire lors du rempotage sur de gros arbres ou lorsque les racines sont très compactes.

Petit râteau à racines (6) : Même utilité que le crochet, mais on l'utilise pour de petits arbres ou pour un pain racinaire peu compact.

Serpe à rempoter (7) : Permet d'extraire la motte de l'arbre du pot lors du rempotage lorsque celle-ci est très compacte et reste bloquée dans la poterie.

Pince à racines (8) : Sert à couper les grosses racines lors du rempotage.

Pelle à substrat (9) : Souvent vendues par trois, avec ou sans tamis intégré, elles servent lors du rempotage.

Tamis : Généralement vendus avec trois tailles de tamis différents afin d'avoir plusieurs granulométries différentes.

9

10

11

12

13

14

15

Les outils de ligaturage

Fil de ligature (10) **:** Fil d'aluminium recouvert de cuivre (les fils de cuivre pur sont plus chers et plus difficiles à travailler). Le fil de ligature est utilisé pour ligaturer un arbre afin de lui donner une forme, mais on l'utilise également pour accrocher l'arbre au pot lors du rempotage.

Pince à jin (11) **:** Sert principalement à écorcer une branche que l'on souhaite transformer en jin. Il permet également de resserrer le fil de ligature quand on attache l'arbre au pot durant le rempotage.

Pince à fil (12) **:** Permet de couper les fils d'aluminium ou de cuivre.

Les outils de nettoyage

Pincette avec spatule (13) **:** Outil deux en un. La pince sert à retirer les feuilles mortes ou les parasites dans des endroits difficilement accessibles. La spatule a la même utilité que la serpette à rempoter : elle permet d'extraire la motte du pot (à utiliser sur de petits pots).

Balai coco (14) **:** Permet de nettoyer le sol de l'arbre, de retirer les feuilles tombées.

Brosse (15) **:** Lorsque le tronc est couvert de mousse ou de calcaire, on brosse le tronc et les branches pour le nettoyer. Attention de ne pas utiliser une brosse trop rigide si l'écorce est fine.

L'entretien régulier

Donnez la priorité à la santé de l'arbre avant de penser à l'esthétique : un arbre en mauvaise santé ne poussera pas et ne pourra donc pas être beau. Pour cela, veillez à effectuer chaque travail sur l'arbre (taille, rempotage, etc.) à la bonne période, qui varie selon les espèces.

Arrosage

L'EAU EST VITALE POUR LES ARBRES. L'ARROSAGE EST DONC LA CLÉ PRINCIPALE POUR RÉUSSIR ET MAINTENIR EN BONNE SANTÉ SON BONSAÏ.

On ne peut pas programmer les arrosages de manière régulière chez les bonsaïs. En effet, beaucoup de facteurs peuvent changer l'hygrométrie du sol de votre arbre. Est-il à l'intérieur ou à l'extérieur ? Est-il exposé plein sud ou plein nord ? S'il est dehors, pleut-il, ou y a-t-il du vent ? La poterie de l'arbre est-elle petite ou grande ? Plus elle sera petite, plus la terre séchera vite. Autre facteur à prendre en compte : certaines espèces boivent plus que d'autres. On ne peut donc pas savoir si l'arbre aura besoin d'être arrosé tous les jours, tous les 2 jours ou davantage.

Quand arroser ?

La meilleure méthode est de vérifier chaque jour l'état de sécheresse de la terre en la regardant (un substrat clair est sec ; plus il est foncé, plus il est humide), en la touchant (on arrive assez facilement à sentir l'humidité de la terre avec le revers de la main).
Si la terre est sèche en surface, il est temps d'arroser. N'attendez pas que le substrat soit sec jusqu'au fond du pot, car à ce moment-là, l'arbre commence déjà à souffrir de la sécheresse. Deux méthodes existent pour un bon arrosage : par bassinage ou par trempage.

En haut : Substrat sec d'un *Serissa japonica*.
En bas : *Serissa japonica* après arrosage.

Bassinage

Arrosez la terre avec un arrosoir doté d'une pomme pour un arrosage en pluie fine. La pluie fine est importante pour ne pas faire de trous dans la terre, éviter d'en perdre et de mettre les racines à nu. On peut arroser le feuillage pour retirer la poussière qui a pu s'accumuler dessus et éloigner les parasites qui auraient envie de s'installer.

LES ERREURS À ÉVITER

- Ne pas laisser d'eau stagnante sous le pot, les racines finiraient par pourrir.
- Évitez de pulvériser les feuilles, le temps qu'elles ouvrent leurs stomates pour capter l'humidité, celle-ci est déjà dispersée dans la pièce et l'air est de nouveau sec. Le temps de refermer ses stomates, l'arbre perd beaucoup d'eau par évaporation.

Trempage

Plongez votre arbre dans une bassine d'eau dépassant le niveau de la terre. Dix secondes suffisent, ne le laissez pas tremper trop longtemps, vous chasseriez tout l'air de la terre. Les racines ont besoin d'air pour respirer.

Le seul cas ou il est conseillé de tremper son arbre plus de 10 secondes est quand la terre est sèche au point d'être devenue hydrophobe et que l'arbre se trouve en grande souffrance hydrique. On doit alors laisser tremper son arbre plusieurs minutes pour que l'eau pénètre enfin dans la terre et la réhumidifie.

Taille d'un bonsaï d'intérieur

LA TAILLE D'ENTRETIEN SE FAIT DURANT LES PÉRIODES DE POUSSE. ELLE SERT À GARDER LA FORME EXISTANTE DE L'ARBRE, MAIS AUSSI À CANALISER SON ÉNERGIE.

QUAND LE FAIRE ? D'avril à juillet, 1 à 3 fois selon la pousse.

SUR QUELS ARBRES ? Tous les bonsaïs d'intérieur et d'orangerie : ficus, *Serissa foetida*, troène, poivrier du Japon, portulacaria, myrte, duranta, podocarpus, etc.

LA SITUATION : Ce troène du Japon a besoin d'être taillé pour retrouver sa silhouette.

Tailler au-dessus d'une feuille

Laissez pousser vos arbres à la sortie de l'hiver avant de les retailler. Lorsque les branches commencent à se rallonger et à déformer la silhouette de l'arbre, taillez juste au-dessus d'une feuille afin de revenir sur la forme que vous souhaitez.

Supprimer les gourmands

Lorsqu'une jeune pousse sort du tronc à un endroit non approprié pour y placer une branche, taillez-la.
Si on laisse grossir ce gourmand, il risque de déformer la silhouette de l'arbre en détournant la sève des autres branches et de les affaiblir.

À SAVOIR

Tailler régulièrement son bonsaï d'intérieur dans la saison, dès que la pousse dépasse 2-3 paires de feuilles, lui permet de se ramifier et ainsi de réduire la taille de ses feuilles.

Taille d'un bonsaï d'extérieur

AU PRINTEMPS, COMMENCEZ PAR LE PINCEMENT DES FEUILLES, PUIS APRÈS UNE SECONDE REPOUSSE, TAILLEZ RÉGULIÈREMENT POUR MAINTENIR LA FORME DE L'ARBRE.

AVANT

APRÈS

QUAND LE FAIRE ? Pincement en mars-avril, puis taille d'avril à juin 2 à 3 fois selon la vitesse de pousse.

SUR QUELS ARBRES ? Érable, orme de Chine, pommier, aubépine, cotoneaster, ginkgo, grenadier, mélèze, métaséquoia, olivier, hêtre, charme, zelkova, etc.

LA SITUATION : Cet érable a besoin d'une taille d'entretien pour retrouver une forme harmonieuse.

CONSEIL EN +

Si vous avez un arbre à fruit (tel que le pommier), n'hésitez pas à éliminer quelques fruits (environ un tiers), afin de le soulager. La taille ne pouvant pas réduire la taille des fleurs et des fruits, l'arbre utilise beaucoup d'énergie pour les produire et ne pourra sûrement pas être aussi prolifique l'année d'après.

Pincez au printemps

Le principe du pincement est de supprimer avec les doigts ou une pincette les nouvelles pousses après les premiers bourgeonnements du printemps (mars-avril).
On obtiendra ainsi des entre-nœuds plus courts et une ramification plus développée.

Taillez au-dessus d'une feuille

ou d'une paire de feuilles, dès que la pousse commence à déformer la silhouette de l'arbre, 2 à 3 fois dans la saison selon la vigueur de l'arbre.

Supprimez le bois mort

Taillez le bois mort de votre arbre, il sera ainsi plus propre et cela permettra à la lumière de mieux passer au travers du feuillage et les branches vivantes auront plus de place pour s'épanouir.

Supprimez les gourmands

Si votre arbre a des pousses qui apparaissent sur le bas du tronc ou sortent de la terre, ce sont des gourmands. Retirez-les pour éviter que la sève ne soit redirigée vers ces pousses.

Taille d'un conifère persistant

LES CONIFÈRES POUSSENT LENTEMENT, ILS NE PRODUISENT DES BOURGEONS QU'UNE FOIS PAR AN. IL Y A TOUTEFOIS UN TRAVAIL RÉGULIER À RÉALISER DESSUS POUR MAINTENIR LA FORME DE L'ARBRE.

QUAND LE FAIRE ? Pincement en avril, puis taille en hiver, entre novembre et mars.

SUR QUELS ARBRES ? Pin, genévrier, picéa, etc.

LA SITUATION : Ce pin blanc avait besoin d'une taille de printemps pour retrouver sa forme.

NETTOYEZ VOTRE ARBRE

Lors de l'entretien de vos arbres, pensez à retirer les bois morts et à brosser le nébari (le collet et la base des racines), cela empêchera un dépôt de calcaire et la mousse de pousser dessus.

Pincez les chandelles au printemps

Chez les conifères, le pincement se fait pour forcer l'arbre à bourgeonner en arrière, vers l'intérieur de l'arbre :

- Sur une paire de chandelle, pincez la plus grosse en en supprimant les deux tiers. Laissez l'autre chandelle intacte.

- Sur trois chandelles au même endroit, retirer entièrement la plus vigoureuse et laisser les deux autres pousser.

DÉSAIGUILLAGE DES PINS

En septembre-octobre, vous pouvez aussi désaiguiller partiellement l'arrière des branches de votre pin pour réveiller les bourgeons arrières. Coupez les anciennes aiguilles (celles qui sont vert foncé) aux ciseaux, en laissant 2 mm de gaine.

Taillez en hiver

La taille d'un conifère se fait toujours au-dessus d'un bourgeon ou d'une branche. Vérifiez bien que celui-ci est suffisamment fort pour continuer à alimenter la branche en sève. S'il ne reste aucun bourgeon sur la branche, il y a de fortes chances qu'elle sèche puis meure.

Taille de structure

LA TAILLE DE FORMATION PERMET DE STRUCTURER UN JEUNE ARBRE OU DE RESTRUCTURER LA SILHOUETTE D'UN BONSAÏ DONT IL FAUT REPENSER LA FORME OU DONT ON SOUHAITE MODIFIER L'ALLURE.

AVANT

APRÈS

QUAND LE FAIRE ? La taille de structure se fait majoritairement en hiver sur les bonsaïs d'extérieur, lorsque l'arbre est en repos et que la sève est peu abondante. On perturbe ainsi moins l'arbre si on lui sectionne une branche importante. On l'a fait en pleine période de pousse chez les bonsaïs d'intérieur, car en hiver cela les affaiblirait trop.

SUR QUELS ARBRES ? Tous les arbres.

LA SITUATION : Taille d'un *Ficus retusa* laissé à l'abandon depuis plusieurs années. Il faudra de la patience et plusieurs tailles pour que l'arbre retrouve une belle forme esthétique.

LA TECHNIQUE

En fonction des possibilités que propose l'arbre et du port naturel de l'espèce, on choisira les branches charpentières. Il s'agit des branches principales qui se ramifient en branches et rameaux. Puis on sélectionnera les branches secondaires en les taillant assez court.

LE BON RÉFLEXE

Pensez à bien nettoyer vos outils après la taille de votre arbre et à les aiguiser régulièrement afin de les garder en bon état.

Orientation d'une branche

Par la taille, on peut orienter une branche, en choisissant une branche adjacente ou un bourgeon comme nouveau point de départ. On évite ainsi la ligature.

Taille au-dessus d'une pousse

La taille au-dessus d'une pousse permettra à cette branche de récupérer toute la sève et de prendre la place principale.

Taille au-dessus d'un bourgeon

En taillant au-dessus d'un bourgeon, la branche va suivre la direction du bourgeon terminal. On peut ainsi lui donner une forme zigzagante par des coupes répétées.

Rempotage

LE REMPOTAGE EST LE RENOUVELLEMENT DE LA TERRE D'UN BONSAÏ. MÊME EN FAISANT DES APPORTS RÉGULIERS EN ENGRAIS, LA TERRE FINIT PAR S'APPAUVRIR ET NE DONNE PLUS AUCUN NUTRIMENT À L'ARBRE.

QUAND LE FAIRE ?

- Les caducs se rempotent juste avant le débourrement des feuilles, fin février/début mars.
- Les conifères se rempotent en avril.
- Les arbres d'intérieurs se rempotent d'avril à juin.

À QUELLE FRÉQUENCE ? Le rempotage s'effectue tous les 2 à 3 ans selon la taille de la poterie et la pousse des racines. Dans les tout petits pots, le rempotage devra s'effectuer tous les ans.

LA SITUATION : Nous avons effectué au mois de mai le rempotage d'un *Ficus retusa* et en avons profité pour lui faire une taille de printemps.

LES SIGNES QUE VOTRE ARBRE A BESOIN D'ÊTRE REMPOTÉ

Quand les racines ont fait le tour du pot, elles n'ont plus de place et ont « mangé » toute la terre. Le peu de substrat restant sèche très vite. Le bonsaï risque de subir des coups de soif.

Quand les racines pourrissent à cause d'un excès d'eau, elles sont molles, s'effilochent, deviennent noires. Il faut vite rempoter dans un sol sain pour permettre à l'arbre de s'en remettre.

Retirer l'arbre du pot

Vous pouvez vous aider d'une serpe à rempoter. Cet outil est d'autant plus utile lorsque la poterie est à bords rentrés.

Démêler les racines

Griffer délicatement l'ancienne terre. Vous pouvez le faire à l'aide d'une petite griffe ou d'un croc à une ou plusieurs dents si les racines sont très denses et difficiles à démêler.

Tailler l'excédent de racine

Taillez les racines qui ne rentrent plus dans le pot en les épointant. Pour les plus longues, taillez-les aux deux tiers.

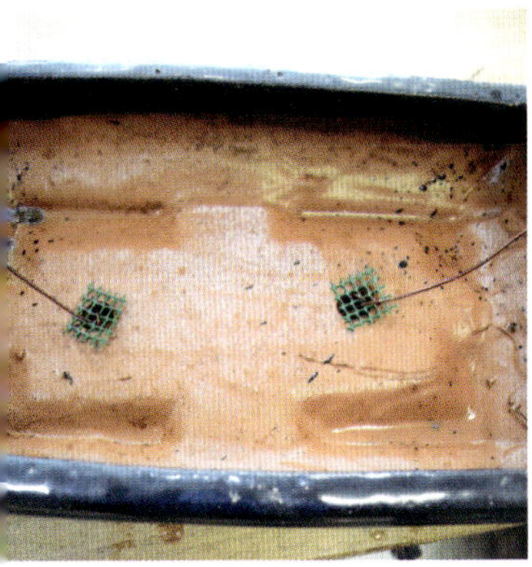

Fixer une grille

Fixez une grille en plastique sur les trous de drainage afin d'empêcher la terre de tomber et passez un fil de cuivre ou d'aluminium par les trous de drainage. Cela permettra par la suite de fixer l'arbre au pot afin de lui éviter de se déraciner en cas de vent ou de choc.

Déposer le substrat

Déposez un peu de substrat dans le fond du pot. Pour le ficus, nous utilisons un mélange de terreau (40 %), d'akadama (40 %) et de kiryu (20 %). Faites un petit dôme, pour pouvoir visser par la suite l'arbre et le stabiliser.

Accrochez votre arbre à l'aide des fils préalablement mis dans les trous de drainage. Complétez avec le reste de substrat en tassant bien la terre afin d'éviter de créer des zones vides entre les racines et la terre. Enfin, arrosez abondamment votre arbre en pluie fine.

EN PRATIQUE

Toujours tailler son arbre lorsqu'on le rempote. En effet, lorsqu'on taille les racines, on empêche l'arbre de boire, il faut donc le soulager en lui retirant quelques feuilles et en taillant le bout des branches afin de l'équilibrer.

Carences

LES CARENCES PEUVENT ÊTRE DUES À UN SOL INADAPTÉ OU À UN MANQUE D'ALIMENT NUTRITIF (ENGRAIS). C'EST LE FEUILLAGE QUI MONTRE LE SIGNE DE CETTE CARENCE ET NOUS PERMET DE RÉAGIR EN EFFECTUANT UN REMPOTAGE DANS LA BONNE TERRE OU UN APPORT DE SOLUTION NUTRITIVE ADÉQUAT.

Carence en fer ou chlorose

Elle se caractérise par une décoloration du feuillage. Seules les nervures restent foncées. Cela peut être dû à une terre trop calcaire qui bloque l'absorption de fer indispensable à la synthèse de la chlorophylle. Effectuez un apport d'oligo-éléments à base de fer et de cuivre.

Carence en calcium

Le calcium a un effet régulateur sur l'arbre et contribue à sa stabilité.
La carence en calcium se reconnaît à l'apparition de taches brunes/jaunâtres souvent entourées d'un bord brun prononcé. La croissance est nettement freinée et dans les cas graves, la floraison est atrophiée. Effectuez un apport d'oligo-éléments à base de calcium et de magnésium.

Carence/excès d'azote

Une carence en azote se repère par un feuillage beaucoup plus clair.
Un apport trop élevé entraînera un allongement des pousses et favorisera l'apparition de pucerons.
Espacez les apports d'engrais, diminuez les doses, ou utilisez un engrais faible en azote (N).

Carence en phosphore

Un manque de phosphore aboutira à une faiblesse générale de l'arbre face aux agressions extérieures (sensibilité à la sécheresse, au gel et maladies). Effectuez un apport d'engrais riche en phosphore (P).

Un feuillage sain indique que votre arbre est en bonne santé (ici un *Cotoneaster horizontalis*).

Parasites

POUR ÉVITER QUE DES PARASITES S'INSTALLENT ET PROLIFÈRENT SUR VOTRE ARBRE, ARROSEZ RÉGULIÈREMENT LE FEUILLAGE POUR CONTRARIER LES NOUVEAUX VENUS ET LES EMPÊCHER DE S'INSTALLER. LES BONSAÏS D'INTÉRIEUR SONT PLUS SOUVENT COLONISÉS CAR ILS REÇOIVENT ASSEZ PEU D'EAU SUR LE FEUILLAGE.

Araignées rouges

Ces minuscules acariens de couleur jaune ou rouge se nourrissent de la sève des feuilles. Ils font chuter des feuilles vertes de l'arbre et laissent des piqûres sur les feuilles. En cas de grosse infestation, on peut même voir une toile tissée sur le feuillage. Un moyen simple pour s'assurer de leur présence : secouer le feuillage au-dessus d'une feuille blanche. Parmi les poussières, vous verrez alors des petits points noirs bouger.

Traitement : Bio à base d'huile de colza. Le produit huileux enrobe les adultes, les œufs et les larves, les asphyxie et les tue.

Cochenilles

Ce parasite, doté d'une coque qui lui permet de se camoufler sur les branches et le tronc, tue rarement ses hôtes mais les fragilise. On rencontre généralement trois sortes de cochenilles : à bouclier (marron), farineuse et floconneuse (blanche). Elles se fixent souvent sur les jeunes feuilles plus tendres où l'afflux de sève est constant. Elles laissent un miellat collant sur les feuilles qui les trahit.

Traitement : Leur coque les rend difficiles à traiter, il faudra donc essayer de les décoller avec l'ongle ou une brosse à dents. En cas de grande infestation : traitement bio à base d'huile de colza.

Pucerons

Ces petits insectes souvent de couleur verte, blanche, noire ou lanigères (enveloppe cotonneuse) et groupés en colonie dense sucent la sève des plantes pour en extraire les éléments nutritifs dont ils ont besoin. Ils provoquent le recroquevillement des pousses et affaiblissent fortement l'arbre.

Traitement : Bio à base d'huile de colza, qui détruit aussi bien les adultes que les œufs et les larves.

LE BON GESTE

Avant d'utiliser un traitement bio, vous pouvez passer un jet d'eau assez fort dans le feuillage pour décoller les parasites de l'arbre. S'ils ne se sont pas installés en trop grande quantité, cela peut suffire à les déloger.

Aleurodes

Petite mouche blanche vivant sous le feuillage de certaines espèces à feuilles très claires comme le *Duranta*, sagérétia et *Serissa*. Elle s'envole lorsque les feuilles sont secouées et revient aussitôt dessus.

Traitement : Laissez l'arbre à l'extérieur prendre la pluie et le vent. Les aleurodes finissent par s'en aller d'elles-mêmes. Sinon effectuez un traitement bio à base d'huile de colza. Les produits de traitement sont efficaces sur les mouches mais pas sur leurs œufs. Il est donc nécessaire de renouveler le traitement quelques jours plus tard, le temps que tous les œufs éclosent.

Ériophyes

Il s'agit d'une espèce d'acarien blanchâtre microscopique. Leurs dégâts sont caractérisés par des taches noirâtres ou rouges sur les feuilles et une chute de feuilles localisée sur une partie de l'arbre. Les feuilles peuvent se déformer et porter des galles.

On les rencontre plus rarement que les autres parasites ; cependant, elles sont beaucoup plus difficiles à détecter et donc à éliminer.

Traitement : Bio à base d'huile de colza. Ce traitement détruit aussi bien les adultes que les œufs et les larves.

Otiorhynques

Petit coléoptère noir qui ne vole pas et qui est actif surtout la nuit. Il mange les feuilles en faisant des poinçons. Lorsqu'on en attrape un, celui-ci s'immobilise, feignant d'être mort.

Il fait plus de dégâts à l'état larvaire qu'à l'âge adulte (il s'attaque aux racines).

Traitement : Pour éliminer les larves, répandez des nématodes (*Heterorhabditis bacteriophora*) sur le sol : ces vers les parasiteront. Et, la nuit, munissez-vous d'une lampe et partez à la chasse aux otiorhynques pour les éliminer à la main. En effet, il n'existe pas vraiment de traitement spécifique contre ces parasites.

Maladies

IL EXISTE QUELQUES (RARES) MALADIES PROPRES À CHAQUE ESPÈCE QUI PEUVENT AFFAIBLIR L'ARBRE. ON PEUT LES REPÉRER PAR DES DÉPÉRISSEMENTS SOUDAIN DES BRANCHES. IL FAUT ISOLER L'ARBRE INFECTÉ DES AUTRES POUR ÉVITER UNE CONTAGION, PUIS TRAITER EN RETIRANT LES PARTIES INFECTÉES DE L'ARBRE ET EN APPLIQUANT UN ANTIFONGIQUE.

Oïdium

Ce champignon prolifère lorsque l'atmosphère est humide et fraîche. Il recouvre les feuilles d'un duvet blanchâtre. On le rencontre le plus souvent sur les chênes, les charmes, les pommiers, les sageretias et les érables. On en voit surtout en été.

Prévention : Évitez d'arroser le feuillage en fin de journée.

Traitement : Effectuez un traitement bio à base de bicarbonate de potassium.

Fumagine

La fumagine est un champignon qui apparaît lors de fortes attaques de pucerons et de cochenilles. Elle se développe sur le miellat que ces parasites secrètent.

Traitement : Il suffit d'éliminer ces derniers et de nettoyer le feuillage. Un traitement peut être fait au savon noir.

MESURES D'HYGIÈNES

Nettoyez bien vos outils après avoir travaillé un arbre malade pour éviter d'infecter vos autres bonsaïs.

ATTENTIF ET RAPIDE

Soyez réactifs lorsque votre arbre montre des signes de maladie pour pouvoir réagir rapidement et ainsi éviter le pire.

Phytophthora

Ce champignon microscopique entraîne le pourrissement du collet et des racines. On peut observer un dessèchement des feuilles et une pourriture par l'intérieur du tronc qui finira par flétrir et devenir cassant. Les azalées sont sujettes aux attaques de ce champignon. Le mildiou est une forme de phytophthora qui s'attaque principalement aux arbres à fruits tels que les pommiers.

Prévention : Rempotez vos bonsaïs dans un sol drainant.

Traitement : La bouillie bordelaise sera efficace.

Feu bactérien des Rosacées

Cette bactériose se reconnaît par le noircissement des jeunes pousses et à un exsudat blanchâtre qui suinte des tissus. Il s'attaque aux aubépine, cognassier, cotonéaster, pommier, pyracanta et poirier.

Prévention : Évitez les situations trop humides et rempotez vos arbres dans un mélange bien drainant. Supprimez les parties atteintes, brûlez les déchets végétaux et désinfectez vos outils.

Traitement : Aucun traitement vraiment efficace. Un traitement de cuivre, type bouillie bordelaise ou à base de *Bacillus subtilis* peut ralentir la maladie contre les chancres bactériens.

Anthracnose

Maladie cryptogamique peu courante chez le bonsaï, elle est caractérisée par l'apparition de taches rondes ou allongées bien délimitées de couleur brun roux à brun noir. Les tissus se dessèchent, flétrissent et finissent par mourir.

Prévention : Veillez à une bonne aération, respecter les distances de plantation.

Traitement : Effectuez un traitement à base de *Bacillus subtilis* en prévention.

Les techniques plus avancées

Lorsque l'on maîtrise l'entretien régulier de son arbre ainsi que les gestes de base, on peut commencer à s'essayer aux techniques plus avancées afin de travailler et façonner son arbre à l'image souhaitée.

Ligature et haubanage

LA LIGATURE CONSISTE À PASSER UN FIL DE CUIVRE OU D'ALUMINIUM AUTOUR D'UNE BRANCHE AFIN DE L'ORIENTER POUR DONNER UNE FORME, UN STYLE PARTICULIER AU BONSAÏ.

QUAND LE FAIRE ? La meilleure période pour ligaturer les arbres est l'hiver, on peut ainsi effectuer des torsions qui gêneront le moins possible la circulation de la sève puisque les arbres sont au repos.

SUR QUELS ARBRES ? Certaines espèces se ligaturent mieux que d'autres. Les espèces les plus souples, tels que les conifères ou le ficus, sont plus faciles à ligaturer.

MATÉRIEL : Fil de ligature (il est nécessaire que le fil fasse environ 1/3 du diamètre de la branche pour lui permettre d'être suffisamment costaud pour la tenir en place), pince à jin et pince à fil pour ligaturer et déligaturer.
On ligature toujours un arbre du bas vers le haut et de l'intérieur vers l'extérieur en commençant par le tronc puis en allant vers les branches.

LE BONSAÏ-KA ATTENTIF

À la sortie de l'hiver, ne tardez pas à retirer les fils, car dès la repousse de l'arbre, les branches et le tronc vont grossir. Trop serré, le fil risque alors de laisser des marques sur l'écorce et de créer des plaies.

Orienter par la ligature

Avant d'enrouler le fil sur la branche souhaitée, vous devez prendre appui sur le tronc : si on souhaite baisser une branche, on fera passer le fil par le bas du tronc 1 ; si on veut remonter la branche, on fera passer le fil par le haut du tronc 2.
On peut également prendre appui sur une branche à proximité 3.

Orienter par le haubanage

Le haubanage consiste à tirer une branche vers le bas en attachant celle-ci au pot ou à une racine. On va ainsi pouvoir resserrer le fil d'aluminium de plus en plus afin de tirer progressivement la branche vers le bas.
Si la branche est directement attachée par un fil d'aluminium, recouvrez-la de raphia afin de ne pas l'endommager.

Espacer le fil

Pour bien ligaturer un arbre, il ne s'agit pas de le saucissonner. Lorsqu'on enroule le fil autour de la branche, il faut essayer d'espacer le fil en créant des angles à 90°.

Éviter feuilles et bourgeons

Certaines précautions doivent être prises lorsque l'on pose un fil de ligature pour ne pas abîmer l'arbre. En effet, on évitera de poser le fil sur des feuilles ou sur des bourgeons pour ne pas les écraser et les supprimer.

Doubler le fil

Lorsque le fil que l'on a utilisé est trop fin, on peut rajouter un autre fil afin de renforcer ce premier. Mais il ne faut jamais croiser les deux fils.

Technique du Jin

LE JIN EST UNE TECHNIQUE QUI CONSISTE À ÉCORCER UNE BRANCHE MORTE D'UN ARBRE POUR LUI DONNER PLUS DE CARACTÈRE ET FAIRE CROIRE QU'ELLE A SUBI DES INTEMPÉRIES (VENT, PLUIE OU FOUDRE). ELLE EST BIEN UTILE QUAND ON A PERDU INVOLONTAIREMENT UNE PARTIE DE L'ARBRE.

AVANT

APRÈS

QUAND LE FAIRE ? Toute l'année, du moment que la branche est bien sèche.

SUR QUELS ARBRES ? L'idéal est de le faire sur des espèces dont le bois est dur et imputrescible, tel que les pins, genévriers, épicéas, ifs.

LA SITUATION : Ce pin possède déjà des jin, mais suite à un accident, il a perdu tout son sommet.

LE SHARI

Le shari relève de la même technique, mais l'opération s'effectue sur le tronc.

Écorcer

Après avoir coupé la branche morte à la taille souhaitée, commencez par inciser celle-ci à la base du tronc, puis fendez-la sur le sens de la longueur. Écorcez ensuite à l'aide d'une pince à jin pour mettre à nu la branche.

Poncer

Poncez la branche avec du papier à poncer fin afin de la lisser. Vous pouvez également affiner la forme en taillant l'extrémité en pointe au moyen d'une pince à branche.

Protéger

On ajoute généralement à la fin de l'opération une solution de polysulfure de calcium (le liquide à jin), afin de protéger l'arbre contre la pourriture et de blanchir la branche pour lui donner un aspect vieilli et naturel.

Défoliation

LA DÉFOLIATION EST UNE TECHNIQUE DE TAILLE QUI CONSISTE À RETIRER TOUTES LES FEUILLES D'UN ARBRE POUR LUI PERMETTRE DE DENSIFIER SA RAMIFICATION ET ÉGALEMENT DE RÉDUIRE LA TAILLE DE SON FEUILLAGE.

QUAND LE FAIRE ? En période de pousse, au printemps et en été.

SUR QUELS ARBRES ? Uniquement sur des arbres vigoureux et en bonne santé. Cette technique est plus facile sur des feuillus tels que les ficus, durantas, érables, charmes.

LA SITUATION : Ce ficus n'est feuillu que sur la cime, le bas de ses branches est nu. Nous pourrions épointer les branches (couper 1 ou 2 feuilles en bout de branche) pour faire bourgeonner l'arbre en arrière ; cependant il n'est pas garanti que l'arbre refasse du feuillage de manière homogène en arrière. On opte donc pour la défoliation suivie d'un léger raccourcissement des branches.

IMPORTANT

Cette pratique ne doit pas être utilisée à répétition sur un arbre. En effet, cela lui demande beaucoup d'énergie pour ressortir ses feuilles, on ne le fera donc pas tous les ans pour ne pas l'épuiser.

Tailler les feuilles

On taille toutes les feuilles aux ciseaux ou à la pincette à feuilles et on raccourcit également les branches si on les juge trop longues.

Résultat

Le ficus est désormais défolié. On le placera dans un endroit très lumineux et on évitera de lui faire subir un excès d'eau. En effet, l'arbre, n'ayant plus de feuilles à nourrir, séchera moins vite que d'habitude.

Quelques semaines après

Le ficus a commencé par réveiller de petits bourgeons qui sont devenus des feuilles juvéniles et désormais toutes les feuilles sont ressorties et on peut voir que des bourgeons dormants se sont réveillés en arrière.

CRÉER UN BONSAÏ

Semis

LE MEILLEUR MOYEN POUR APPRENDRE ET BIEN COMPRENDRE SON ARBRE EST DE LE CRÉER À PARTIR D'UN SEMIS. IL FAUT ÉVIDEMMENT BEAUCOUP DE PATIENCE (UNE DIZAINE D'ANNÉES) POUR AVOIR ENFIN UN BONSAÏ DIGNE DE CE NOM.

Préparer les graines

Les graines de certaines espèces (érable, orme de Chine, charme, cotoneaster, hêtre, ginkgo, houx, pommier, olivier, abricotier, zelkova, cèdre, genévrier, pin *pentaphylla* et *pyracantha*) ont besoin d'une période de froid plus ou moins longue pour pouvoir germer. Dans ce cas, placez-les plusieurs semaines au frigo pour les sortir de leur dormance.

Semer

Au moment de semer, remplissez le pot de substrat et arrosez-le. Placez vos graines dans le pot et enfoncez-les légèrement afin de les recouvrir entièrement de substrat. Maintenez la motte humide, sans excès d'eau et placez le pot dans un endroit lumineux et chaud. De jeunes pousses devraient sortir dans les semaines suivantes.

Patienter

Attendre 1 ou 2 ans avant de travailler le jeune plant pour en faire un bonsaï. Les branches sont trop fragiles au début pour pouvoir faire la ligature et le futur bonsaï a besoin de pousser et créer ses racines pour prendre de la force. Il faudra donc être patient !

LES ESPÈCES FACILES À REPRODUIRE PAR SEMIS

Aubépine, abricotier, azalée, charme, cèdre, cotoneaster, érable, pommier, ginkgo, chêne, hêtre, grenadier, enkianthus, pseudolarix, orme, zelkova, murraya, myrte, poivrier, houx, métasequoia, olivier, pyracantha.

Jeunes azalées de semis, âgées d'un an.

Jeunes plants

ON PEUT OBTENIR UN BONSAÏ EN PRÉLEVANT DE JEUNES PLANTS DANS LA NATURE, AU FOND DE SON JARDIN, AU PIED D'UN ARBRE AYANT FAIT DES REJETS, OU À LA SUITE DE SEMIS NATURELS (DES GRAINES AYANT VOLÉ ET S'ÉTANT PLANTÉES TOUTES SEULES DANS LA TERRE).

Prélever

Prélevez le jeune plant en retirant le maximum de racines en le remettant dans un pot assez grand pour qu'il puisse bien repousser. Vous pouvez récupérer également la terre dans laquelle il se trouve, il ne sera ainsi pas trop stressé par le changement. L'idéal est de prélever le plant au début du printemps, juste avant qu'il reprenne sa croissance, ou en automne, pour qu'il puisse refaire de nouvelles racines. Attention, si vous prélevez en automne, il faudra le protéger des gelées en hiver.

Tailler

Pensez également à tailler le feuillage : les racines du jeune arbre ayant été coupées, il est bon de le soulager au niveau du feuillage.

Cèdre du Liban de 3 ans.

Bouturage

CETTE MÉTHODE PERMET DE MULTIPLIER UN ARBRE EN GARDANT LES MÊMES CARACTÉRISTIQUES QUE L'ARBRE MÈRE. IL S'AGIT D'UN CLONAGE.

Couper

Coupez en angle net de 45° une section de branche lignifiée, d'1 an ou 2 et possédant quelques feuilles. Réduisez le feuillage en ne laissant que 3 ou 4 feuilles en haut de la bouture. Couper les feuilles de moitié pour permettre à l'arbre de ne pas trop transpirer du feuillage et donc ne pas perdre trop d'eau. Et enfin retirez le bourgeon terminal pour favoriser la pousse des racines et non l'allongement de la branche.

Stimuler

Avant de la planter, trempez le bout de la tige coupée dans de l'hormone de bouturage, cela favorisera la production de racines. Vous pouvez également mettre la tige directement dans l'eau et attendre qu'elle fasse des racines.

Planter

Creusez un trou de 5 cm de profondeur à l'aide d'un bâtonnet et plantez votre bouture.
Arrosez en pluie fine et couvrez d'une cloche transparente pour créer un environnement chaud et humide.
Pensez à aérer régulièrement pour éviter que la tige pourrisse.

BOUTURE POUR TOUS ?

Le bouturage est une méthode assez facile, mais qui ne fonctionne pas sur toutes les espèces. Voici les espèces qui se bouturent facilement : buis, ficus, murraya, myrte, poivrier, pourpier en arbre, sageretia, serissa, troène, duranta, azalée, orme de Chine, figuier, genévrier, ginkgo, charme, cognassier, cotoneaster, enkianthus, grenadier, houx, mélèze, métasequoia, olivier, potentille, zelkova.

Marcottage

LE MARCOTTAGE CONSISTE À INCITER L'ARBRE À CRÉER DES RACINES SUR UNE PORTION DE TIGE D'UN ARBRE SANS SÉPARER CETTE BRANCHE DU PIED MÈRE. AINSI LA BRANCHE CONTINUE D'ÊTRE ALIMENTÉE. CETTE TECHNIQUE EST PLUS EFFICACE QUE LA BOUTURE ET LA PLUS RAPIDE POUR OBTENIR UN BONSAÏ D'UNE TAILLE SUFFISANTE.

Choisir une branche

Choisissez une branche sur son extrémité d'une forme suffisamment intéressante pour être transformée en bonsaï.

MARCOTTAGE FACILE

Tous les bonsaïs d'intérieur se marcottent facilement, ainsi que certains bonsaïs d'extérieur (pommier, figuier, érable, cotoneaster, houx, potentille, pyracantha et abricotier).

Entailler

Faites deux entailles à l'aide d'un cutter sur l'écorce à 5 cm d'écart afin de créer un anneau. Soulevez doucement l'écorce afin de mettre à nu la partie verte sous l'écorce (le cambium).

Stimuler la création des racines

Pour augmenter les chances à la branche de créer des racines, badigeonnez l'anneau écorcé de poudre d'hormone de bouturage.

Mettre en pot

Placez un pot que vous aurez au préalable coupé en deux, ou prenez en un tout fait qui s'ouvre et se clipse au niveau de l'anneau et remplissez-le de substrat. Ici, nous avons mis 40 % de terreau, 40 % d'akadama et 20 % de kyriu. La sève élaborée ne pouvant plus redescendre et le cambium se trouvant dans un milieu humide et noir, la branche fera d'elle-même des racines.

Arroser et fermer

Arrosez abondamment, puis refermez le pot, soit par un couvercle soit en plaçant un plastique tout autour du pot afin de maintenir la terre humide.

Patientez entre 3 et 6 mois selon les espèces pour que la branche puisse créer son propre réseau racinaire. Ouvrez le pot et vérifiez que ce réseau soit suffisamment important avant de couper la branche et rempotez ensuite l'arbre dans un pot plus grand.

CRÉER UN BONSAÏ

Prélèvement

ON PEUT TROUVER DE TRÈS BEAUX ARBRES, DANS LA NATURE, DANS SON JARDIN OU SUR UN TERRAIN ABANDONNÉ. UNE FOIS PRÉLEVÉS, CES ARBRES SERONT APPELÉS DES YAMADORI.

Prélever

La meilleure période pour les prélèvements est le début du printemps, juste avant que les arbres aient commencé leur croissance.
Lorsque vous déterrez l'arbre, prélevez autant de racines que vous pouvez et taillez une partie de son feuillage pour lui permettre une reprise plus facile.
Récupérez une partie du substrat dans lequel l'arbre se trouvait pour le mélanger au futur mélange pour une transition moins difficile.

Rempoter

Rempotez l'arbre assez rapidement pour éviter que sa motte ne sèche et arrosez copieusement après le rempotage.

Patienter

Aucun travail ne pourra être effectué sur l'arbre durant l'année du prélèvement. Il faut lui laisser le temps de refaire son système racinaire et de s'habituer à son nouvel environnement. On lui évitera ainsi tout nouveau stress.

RESPECT DES LIEUX AVANT TOUT

Avant toute chose, soyez sûr que vous avez l'autorisation de la commune ou du propriétaire du terrain sur lequel vous effectuez votre prélèvement. À noter qu'il est illégal de déterrer des plantes d'une forêt.

Ce yamadori de pin fait un très beau bonsaï.

CRÉER UN BONSAÏ

Greffage

IL S'AGIT D'UNE MÉTHODE ASSEZ COMPLEXE (À ÉVITER SI L'ON DÉBUTE) QUE L'ON UTILISE POUR JOINDRE DEUX PLANTS, L'UN POUR SA ROBUSTESSE ET SA RAPIDITÉ DE POUSSE (LE PORTE-GREFFE) ET L'AUTRE POUR SON ESTHÉTISME (LE GREFFON).

Dans la culture du bonsaï, on effectue souvent des greffes sur des pins.
On greffe un plant de pin blanc (dont la pousse est assez lente) sur un pin noir (dont la pousse est plus forte).
Lorsqu'un arbre est difficile à bouturer, on peut aussi le greffer. Ainsi on voit souvent des érables *palmatum* 'Deshojo' greffés sur d'autres érables *palmatum*.
Il y a cependant des inconvénients à cette méthode : elle laisse souvent des bourrelets disgracieux à l'endroit de la greffe et elle peut modifier légèrement l'aspect du greffon. Par exemple, les pins blancs greffés ont une couleur bleutée, tandis que des pins blancs non greffés auront un feuillage vert pâle.
La greffe par approche reste la greffe la plus facile quand on débute, car le greffon reste alimenté durant tout le processus par ses propres racines.
Il est nécessaire de cultiver les deux arbres côte à côte.

Inciser

Incisez l'écorce des deux arbres de façon à mettre à nu la partie verte sous l'écorce (le cambium).

Joindre

Joignez ensuite les deux plaies des arbres l'une sur l'autre et ligaturez fermement afin qu'ils restent fixés l'un à l'autre. Lorsque le greffon aura refait des pousses plusieurs mois après, vous pourrez sevrer celui-ci en coupant sous la greffe.

CHIRURGIE CORRECTRICE

On peut également utiliser cette méthode pour rectifier la silhouette d'un arbre auquel il manquerait une branche, afin de rééquilibrer sa forme.

Calendrier des travaux

VOUS TROUVEREZ ICI TOUTES LES PÉRIODES PROPICES POUR EFFECTUER LES TRAVAUX IMPORTANTS SUIVANT CHAQUE FAMILLE D'ARBRE.

	JANVIER	FÉVRIER	MARS	AVRIL	MAI	JUIN
rempotage			caducs	caducs		
				conifères		
					tropicaux	tropicaux
taille de structure	caducs	caducs	caducs	caducs		
	conifères	conifères	conifères			
					tropicaux	tropicaux
ligature	caducs	caducs				
	conifères	conifères				
	tropicaux	tropicaux				
taille d'entretien (pincement)			caducs	caducs	caducs	caducs
					conifères	conifères
				tropicaux	tropicaux	tropicaux
défoliation					caducs	caducs
					tropicaux	tropicaux
marcottage			caducs	caducs	caducs	caducs
				tropicaux	tropicaux	tropicaux
greffe		caducs	caducs			
			conifères			
						tropicaux
engrais			caducs	caducs	caducs	caducs
			conifères	conifères	conifères	conifères
			tropicaux	tropicaux	tropicaux	tropicaux

Le rempotage est le geste le plus important à effectuer dans les travaux, il en va de la santé du bonsaï.

La taille d'entretien est également très importante si vous souhaitez garder une forme esthétique à votre bonsaï.

JUILLET	AOÛT	SEPTEMBRE	OCTOBRE	NOVEMBRE	DÉCEMBRE
				caducs	
				conifères	
				caducs	
				conifères	
				tropicaux	
		désaiguillage des pins			
		caducs			
		conifères			
		tropicaux			

Bonsaïs d'intérieur

Les bonsaïs d'intérieur sont des arbres tropicaux ou subtropicaux. Ils ne vivent donc pas naturellement en France métropolitaine, craignant les gelées. C'est pour cette raison qu'on les appelle « bonsaïs d'intérieur », car ils doivent être mis hors gel en hiver. Cependant, ils peuvent vivre dehors le reste de l'année. Ce sont tous des persistants. Vous trouverez ici les espèces les plus courantes en bonsaï.

Troène du Japon
(*Ligustrum japonica*).

Buis

Buxus harlandii, B. microphylla et *B. sempervirens*

Le buis symbolise l'immortalité et la persévérance par sa longévité, son feuillage persistant et sa résistance aux incendies.

Buis âgé d'une quarantaine d'années.

Famille : Buxacées.
Origine : Asie et Méditerranée.
Feuillage : Persistant, vert foncé et épais.
Floraison : Petites fleurs blanches et jaunes de mai à juin.
Fruits : Non comestibles, fin septembre.
Difficulté : Facile.

Espèces

Buxux harlandii possède une magnifique écorce très rugueuse et aussi souple que le liège. *Buxus microphylla* et *B. sempervirens* peuvent se trouver dans la nature en France ; le *microphylla* possède de plus petites feuilles et sera donc plus adapté.

Emplacement

Le buis aime les endroits lumineux, mais évitez le plein soleil lors des fortes chaleurs. Placez-le dehors du printemps à l'automne, puis à l'intérieur dans une pièce lumineuse et peu chauffée.

Entretien courant

Arrosage : Grâce à son feuillage coriace, il supporte les petites sécheresses, mais, comme tous les arbres, il aime l'eau. Arrosez-le abondamment dès que la terre est sèche. Espacez les arrosages en hiver lorsqu'il se trouve dans une pièce fraîche.

Fertilisation : Une fois par mois d'avril à juin et de septembre à octobre.

Rempotage : Le buis produit beaucoup de racines, rempotez-le régulièrement, tous les 2 ans, entre avril et mai. Un mélange de 40 % d'akadama, 40 % de terreau universel et 20 % de gravier ou de sable lui conviendra.

Taille : Le buis pousse doucement, peu de tailles seront nécessaires pour le maintenir en forme. Ne le taillez pas juste avant la floraison pour éviter de couper les futures fleurs. Le buis a tendance à faire de nombreux gourmands, aussi n'hésitez pas à les couper régulièrement dès que vous les voyez.

Maladies/parasites

L'ennemi principal du buis est la pyrale du buis. Une vigilance accrue est nécessaire sur le feuillage de votre arbre lorsque les chenilles sortent de leur hivernage. Retirez-les à la main ou pulvérisez le feuillage avec un traitement bio (*Bacillus thuringiensis*). Le buis est parfois attaqué par des pucerons ou des araignées jaunes (acariens).

Fleurs et feuilles de *Buxus harlandii*.

Carmona

Ehretia macrophylla et *E. microphylla*

Le carmona est aussi appelé arbre à thé, car il produit des baies noires qui sont utilisées en Chine pour aromatiser le thé.

Ehretia macrophylla âgé de 12 ans.

Famille : Borraginacées.
Origine : Régions tropicales ou subtropicales.
Feuillage : Persistant, petites feuilles vert sombre rigides, terminées par trois pointes, ornées de petits poils.
Floraison : Mai à juin.
Fruits : Fruits noirs lorsqu'ils sont mûrs, de juillet à août.
Difficulté : Moyenne.

Emplacement

Le carmona demande beaucoup de lumière, d'humidité et de chaleur, il est difficile à garder en bonne santé dans nos intérieurs. Pour lui assurer un bon taux d'humidité, vous pouvez mettre sous le pot une soucoupe remplie de pouzzolane. En hiver, placez-le dans une pièce très fraîche, pas plus de 16/17 °C, avec beaucoup de lumière. Dès les beaux jours, remettez-le dehors et protégez-le du plein soleil en été en le plaçant à la mi-ombre.

Entretien courant

Arrosage : Un arrosage abondant en été dès que la terre est sèche en surface et durant les périodes de pousse. En hiver, espacez un peu plus les arrosages sans laisser votre bonsaï sur le sec.
Fertilisation : Une fois par mois au printemps et en automne.
Rempotage : Si votre carmona est toujours dans sa terre d'origine, rempotez-le immédiatement après l'avoir acheté, vous lui donnerez des chances supplémentaires de survivre dans votre intérieur. Rempotez tous les 2 à 3 ans, entre avril et mai, dans un mélange de 40 % d'akadama, 40 % de terreau universel et 20 % de gravier ou sable.
Taille : Dès que les pousses ont trop grandi, rabattez-les en taillant toujours au-dessus d'une feuille. Évitez de tailler avant mai/juin afin de ne pas perturber la formation des fleurs.

Maladies/parasites

Le carmona est parfois attaqué par les cochenilles, les araignées jaunes et les pucerons. Pour ces derniers, un jet d'eau fort sur les feuilles suffira à les faire partir s'il s'agit d'un début d'attaque (en cas d'abondance, passez au traitement bio). Le carmona peut montrer des symptômes de chlorose (excès de calcaire) : faites alors un apport en fer et cuivre. S'il perd quelques feuilles jaunes en début d'hiver, il s'agit simplement d'une chute normale des anciennes feuilles due à la baisse de température et de lumière. De nouvelles feuilles repousseront.

Ficus

Ficus retusa, F. formosanum, F. panda, F. triangularis...

Les plus faciles des bonsaïs, les plus résistants aux manques d'eau et de lumière. Ils ne supportent cependant pas les gelées.

Ficus retusa d'une trentaine d'années.

Famille : Moracées.
origine : Régions tropicales ou subtropicales
Feuillage : Persistant, vert foncé et épais. *F. retusa* possède des feuilles pointues et *formosanum* et *panda* ont des feuilles plus rondes.
Fruits : En été, figues non comestibles.
Difficulté : Très facile.

Espèces

Il existe 750 espèces différentes de ficus. On les retrouve sur tous les continents exceptés l'Antarctique. Les petites figues des ficus (figuier, en latin) ne sont pas comestibles, à l'exception de notre figuier comestible méditerranéen, *Ficus carica*. Symbole d'éternité en Inde, le *Ficus religiosa*, le figuier des pagodes, représente Bouddha, suite aux nombreuses années que ce dernier a passé à méditer et à atteindre l'éveil sous son feuillage.

Emplacement

Le ficus a beau résister à des emplacements peu lumineux, il aime le soleil et la luminosité. Placez-le à l'intérieur, à moins d'1 m de la fenêtre en hiver et sortez-le en le mettant à la mi-ombre de mai à octobre.

Entretien courant

Arrosage : Bien qu'il supporte de courtes périodes de sécheresse, le ficus a besoin d'être arrosé convenablement pour pousser et être en bonne santé. Dès que la terre s'éclaircit et sèche en surface, arrosez-le abondamment. Évitez d'arroser le feuillage avec une eau calcaire, ou vous vous retrouverez avec des taches blanches sur les feuilles.

Fertilisation : Une fois par mois au printemps et en automne. On peut également faire un apport l'été si l'arbre est en pleine pousse.

Rempotage : Tous les 2 à 3 ans, selon la taille du pot, entre avril et juin. Le ficus n'est pas un arbre très exigeant et si on oublie de le rempoter, il attendra sagement l'année suivante. Si votre arbre vient d'un magasin de grande distribution, il est conseillé de le rempoter le plus tôt possible, car il se trouve sûrement dans un substrat non adapté au climat français. Placez-le dans un mélange de 40 % d'akadama, 40 % de terreau universel et 20 % de gravier ou sable.

Taille : L'été est le moment préféré du ficus pour pousser. La chaleur réveille ses bourgeons. Taillez-le durant les périodes de pousse, lorsque les branches dépassent trop de la forme de l'arbre.

Techniques particulières

Défoliation : Le ficus est l'espèce qui supporte le mieux une défoliation ponctuelle.

Ligature et haubanage : Le ficus se prête facilement à ce travail. Le bois est souple et peut donc adopter des

Ficus retusa d'une cinquantaine d'années.

Ficus formosanum.

postures très courbées. Attention cependant, il marque vite. Vérifiez régulièrement que le fil de ligature ne blesse pas l'écorce.

Maladies/parasites

L'atmosphère sèche et chaude de nos intérieurs favorise la présence des cochenilles et, moins couramment, des ériophyes ou des pucerons. Passez un jet d'eau assez fort sur le feuillage pour les décoller. En cas de forte infestation, pulvérisez un traitement bio adéquat.
Il arrive parfois qu'ils soient victimes de thrips, ces insectes qui pondent leurs œufs dans le limbe et sucent la sève. Les feuilles présentent des taches grises ou rouges et parfois de petites pustules. Traitez avec un traitement biologique en insistant sur le dessous des feuilles.

ACCLIMATATION

Lors de son arrivée chez vous, votre ficus peut perdre quelques feuilles, il s'agit sûrement d'une phase d'acclimatation dont l'arbre a besoin pour se réadapter à son nouvel environnement. Si son feuillage repousse en même temps, il n'y a pas à stresser.
De plus, lorsque le ficus s'apprête à pousser, il perd quelques feuilles jaunes, il s'agit d'un renouvellement de feuillage tout à fait normal.

Feuille du *Ficus retusa.*

Feuilles du *Ficus formosanum*

Eugenia

Eugenia cauliflora, E. jambolana, E. uniflora...

Son écorce a tendance à s'exfolier, surtout chez *Eugenia cauliflora*, ce qui donne un magnifique contraste de couleurs. Il existe plus de 500 espèces de ce genre.

Eugenia jambolana âgé de 17 ans.

Famille : Myrtacées.
Origine : Régions tropicales et subtropicales.
Feuillage : Persistant.
Floraison : Juillet à août. Petites fleurs blanches.
Fruits : Août à septembre/octobre. *E. uniflora* produit des fruits rouges qui étanchent la soif, *E. cauliflora* donne naissance à de petites baies comestibles. Les fruits de *E. jambolana* sont à haute valeur médicinale (hypoglycémiante).
Difficulté : Moyenne.

Espèces

Eugenia cauliflora (prunier de Java) a des feuilles oblongues, orangées lorsqu'elles sortent et vert tendre par la suite. Celles de *E. jambolana* (cerisier des Indes) sont longues et grandes. Celles de *E. uniflora* (cerisier de Cayenne) sont ovales vert cuivré et foncent en vieillissant.

Eugenia cauliflora âgé de 15 ans.

Emplacement

Les *Eugenia* ont besoin de beaucoup de lumière, de soleil (mais pas de soleil brûlant) et de chaleur. En hiver, placez une lumière artificielle au-dessus de votre arbre pour compenser le manque de lumière extérieure.

Entretien courant

Arrosage : L'*Eugenia* aime les atmosphères humides, n'hésitez pas à arroser copieusement votre arbre durant les périodes de chaleur et placez une soucoupe remplie de pouzzolane ou de billes d'argile mouillées.

Fertilisation : Une fois par mois, au printemps et en automne, fortement dosé en phosphore et en potassium.

Rempotage : Rempotez tous les 2 à 3 ans à partir du mois d'avril jusqu'à fin mai. Placez-le dans un mélange de 40 % d'akadama, 40 % de terreau universel et 20 % de gravier ou de sable.

Taille : La taille s'effectue en période de croissance. Taillez assez court, au-dessus d'une feuille, au début du printemps.

Techniques particulières

Ligature : Possible toute l'année mais ne pas laisser les fils plus de 3 mois.

Maladies/parasites

Parasites : cochenilles, pucerons, acariens, aleurodes. Rarement malade.

Murraya

Murraya paniculata

Son écorce est assez claire et ses feuilles composées lui donnent un très joli port. On l'appelle aussi le buis de Chine ou le bois jasmin.

Murraya d'une vingtaine d'années portant des fruits.

Famille : Rutacées.
origine : Régions tropicales de l'Asie de l'Est, des Antilles et de la Réunion.
Feuillage : Persistant. Feuillage vert tendre composé de 9 folioles.
Floraison : Fleurs blanches de mai à juillet au doux parfum de jasmin.
Fruits : Baies rouge orangé de juillet à août.
Difficulté : Moyenne.

Emplacement

Le murraya est un arbre facile à entretenir, mais il ne faut pas négliger son besoin vital de lumière et particulièrement en hiver lorsqu'il est à l'intérieur. Rentrez-le dès que les températures nocturnes descendent sous les 12 °C pour le protéger des gelées. Il aime la chaleur lors des beaux jours cependant pas de plein soleil en été.

Entretien courant

Arrosage : Une atmosphère humide autour de son feuillage pour reproduire le climat tropical lui sera bénéfique. Arrosez abondamment dès que la terre est sèche en surface. Vous pouvez également arroser le feuillage, mais évitez l'eau calcaire, des traces blanches apparaîtraient sur ses feuilles.
Fertilisation : Un engrais à libération lente peut être administré une fois par mois au printemps et en automne.
Rempotage : Tous les 2 ans, dans un mélange de 30 % d'akadama, 50 % de terreau universel et 20 % de gravier ou sable entre le mois d'avril et juin.
Taille : N'oubliez pas que le murraya possède des feuilles composées de plusieurs folioles. Taillez le rameau qui porte la feuille et non la feuille. Effectuez une taille courte en début de printemps pour lui permettre de faire des feuilles plus petites, puis taillez-le légèrement au cours de la période de croissance.

Techniques particulières

Ligature : Il peut se ligaturer toute l'année, mais veillez à ne pas laisser les fils trop longtemps durant la période de croissance.

Maladies/parasites

Parasites : cochenilles, pucerons, acariens, aleurodes.

Fleur de murraya à l'odeur de jasmin.

Myrte

Myrtus communis

Le myrte est symbole de paix.
Lié aux cérémonies de mariage
en raison de sa floraison blanche,
il est aussi utilisé à des fins médicales.

Myrte
de 10/12 ans.

Famille : Myrtacées.
Origine : Bassin méditerranéen et Asie mineure.
Feuillage : Persistant, petit feuillage vert foncé.
Floraison : Fleurs blanches en forme de pompon de mai à juillet.
Fruits : Fruits violets qui noircissent en mûrissant en septembre.
Difficulté : Facile.

Emplacement

Il supporte les hivers frais, mais pas les gelées. Une véranda sera l'endroit idéal pour lui faire passer l'hiver, très lumineux et peu chauffé. Placez-le dehors à la mi-ombre dès que les beaux jours reviennent.

Entretien courant

Arrosage : Arrosez abondamment dès que le sol est sec en surface. Espacez les arrosages en hiver et videz la soucoupe de l'excès d'eau après chaque arrosage.

Fertilisation : Effectuez un apport riche en azote en début de printemps, puis chaque mois jusqu'à juin. Puis effectuez un apport riche en phosphore en automne.

Rempotage : Tous les 2 à 3 ans entre avril et mai, selon la taille du pot. Plus il est petit, plus on rapprochera les rempotages. Utilisez un mélange de 40 % d'akadama, 40 % de terreau universel et 20 % de gravier ou de sable.

Taille : Taillez-le court au début du printemps, puis régulièrement tout au long de la période de croissance. Taillez toujours au-dessus d'une feuille.

Techniques particulières

Ligature : On peut ligaturer le myrte toute l'année sur du bois aoûté mais ne laissez pas le fil trop longtemps au risque de marquer le bois.

Maladies/parasites

Le myrte est rarement l'objet d'attaques de parasites ou de maladies, mais il peut parfois être victime de cochenilles, pucerons et de fumagine (en raison des pucerons). Pulvérisez un traitement biologique.

Fleurs de myrte.

Fruits de myrte.

Pin des bouddhistes

Podocarpus macrophyllus

Il est classé parmi les conifères, mais ne supporte que les petites gelées (0 à -2 °C). Cet arbre est très présent dans les jardins des temples bouddhistes, d'où son nom.

Podocarpus de 25 ans.

Famille : Podocarpacées.
origine : Régions tropicales et subtropicales.
Feuillage : Persistant. Aiguilles vert foncé aux rameaux denses.
Floraison : Printemps. Plants mâles et femelles séparés. Les fleurs femelles sont vertes en forme de cône.
Fruits : Fruits rouges charnus, en automne.
Difficulté : Très facile.

Emplacement

Le *Podocarpus* a besoin d'une période de repos hivernal dans un endroit peu ou non chauffé et lumineux. Dès le printemps, sortez-le et habituez-le progressivement au soleil.

Entretien courant

Arrosage : Le pin des bouddhistes supporte bien les petites sécheresses ; cependant, il aime les arrosages abondants, notamment en été lors des fortes chaleurs. Espacez les arrosages en hiver. Évitez d'arroser le feuillage avec une eau calcaire, cela laissera des traces blanches.

Fertilisation : Un engrais organique à libération lente une fois par mois au printemps et en automne lui sera bénéfique.

Rempotage : Tous les 2 ans pour les jeunes plants et tous les 3 ans pour les plus âgés entre avril et mai. Vous pouvez le rempoter dans un mélange bien drainant de 50 % d'akadama, 30 % de terreau universel et 20 % de gravier ou sable.

Taille : Poussant assez lentement, 1 à 2 tailles suffiront durant l'année. Taillez toujours au-dessus d'une aiguille. Au début du printemps, on peut se permettre de pincer les aiguilles.

Techniques particulières

Ligature : La ligature est possible mais le *Podocarpus* poussant lentement, la taille est souvent suffisante pour le mettre en forme.

Maladies/parasites

Cochenilles, araignées jaunes et pucerons. Si vous n'arrivez pas à les retirer manuellement, utilisez un traitement biologique.

Feuilles de *Podocarpus*.

Poivrier du Japon

Zanthoxylum piperitum

Arbre à port étalé qui peut atteindre 5 m. Les plants mâles portent des épines. Les feuilles sont brillantes lorsque l'arbre est en bonne santé.

Poivrier de 25 ans.

Famille : Rutacées.
Origine : Régions subtropicales.
Feuillage : Persistant, composé de plusieurs folioles, vert sombre et odorant lorsqu'on les frotte.
Floraison : Plants mâles et femelles séparés. Fleurs femelles minuscules et verdâtres, fleurs mâles petites et jaunes.
Fruit : Petits grains de poivres d'abord rouges puis noirs, au goût citronné en fin de bouche.
Difficulté : Facile.

Emplacement

Le poivrier à besoin de beaucoup de lumière. Lors de la période hivernale, placez-le à l'intérieur, le plus proche d'une fenêtre et dans une pièce fraîche. Lors des beaux jours, il peut aller dehors, à l'ombre ou à la mi-ombre. Attention cependant à l'habituer petit à petit au soleil à la sortie de l'hiver. En effet, il est assez sensible au soleil direct qui peut brûler son feuillage.

Entretien courant

Arrosage : Le poivrier est gourmand en eau. Son feuillage fane, se ramollit et devient terne dès qu'il est en manque d'eau. N'attendez pas que le feuillage montre ces signes de fatigue. Arrosez abondamment dès que la surface de la terre est sèche.

Fertilisation : Une fois par mois au printemps et en automne.

Rempotage : Rempotez tous les 2 à 3 ans, entre avril et mai. Un mélange de 40 % d'akadama, 40 % de terreau universel et 20 % de gravier ou sable lui conviendra.

Taille : Taillez-le lors des périodes de pousse, lorsque les branches dépassent de la silhouette de l'arbre.

Techniques particulières

Ligature : Le poivrier se prête à la ligature, effectuez-la en début d'hiver, vers novembre et retirez les fils en fin d'hiver pour éviter de blesser l'arbre et créer des cicatrices.

Maladies/parasites

Les poivriers peuvent faire l'objet d'attaques d'acariens, d'aleurodes, de cochenilles et de pucerons. Passez un jet d'eau assez fort sur le feuillage pour décoller et retirer les parasites. En cas de forte infestation, pulvérisez un traitement bio adéquat et réitérez 15 jours après si nécessaire.
Ils sont parfois victimes de maladies fongiques et d'oïdium.

Fleurs et feuilles d'un plant mâle.

Pourpier en arbre

Portulacaria afra

Cet arbre fait partie de la famille des succulentes et peut stocker beaucoup d'eau dans ses feuilles : il est particulièrement résistant à la sécheresse.

Portulacaria âgé de 10/12 ans.

Famille : Portulacées.
Origine : Afrique.
Feuillage : Persistant. Feuilles épaisses rondes gorgées d'eau.
Floraison : Petites fleurs rosées de septembre à octobre (rare en pot).
Fruits : Pas de fruits.
Difficulté : Facile.

Emplacement

Le *Portulacaria* aime les endroits lumineux et chauds. Il passera toute la période d'avril à octobre dehors au soleil au printemps et à la mi-ombre en été. Il devra être protégé des grands froids et des gelées en hiver. Cependant, ne le rentrez pas dans une pièce trop chauffée. Une température de 13 à 16 °C sera parfaite pour qu'il ait un repos végétatif.

Entretien courant

Arrosage : Il s'agit d'une des espèces les plus résistantes au manque d'eau, qui craint d'ailleurs beaucoup plus les excès d'eau. Aussi, l'hiver, espacez bien les arrosages et attendez que le dessus de la terre soit bien sec pour arroser abondamment. En été, n'hésitez pas à arroser plus régulièrement (l'excès d'eau est rare en cas de fortes chaleurs).

Fertilisation : Une fois par mois d'avril à juin et de septembre à octobre avec un engrais à décomposition lente.

Rempotage : Généralement, il est conseillé de rempoter son arbre dès l'achat si le substrat n'est pas de bonne qualité, cependant le pourpier ne vit pas bien les rempotages hors période propice. Aussi rempotez-le à la bonne période, d'avril à juin.

Taille : Durant la saison de croissance pour garder la forme de l'arbre. Quelques tailles suffiront car il pousse relativement lentement. Faites une pause durant l'hiver.

Techniques particulières

Défoliation : possible lorsque les feuilles sont trop grandes ou trop abîmées, mais seulement en période de forte croissance et de chaleur pour lui permettre de repousser rapidement.

Ligature : Le *Portulacaria* se ligature mal, les branches une fois lignifiées ont du mal à se plier et sont cassantes. De plus, l'écorce marque très facilement.

Maladies/parasites

Peu touché par les maladies et parasites, il est cependant parfois atteint par des cochenilles.

Feuilles de *Portulacaria*.

Sageretia

Sageretia theezans

Cet arbuste est parfois utilisé en Chine pour remplacer le thé. Son écorce foncée et rugueuse s'exfolie joliment au fil du temps. Ses rameaux peuvent être épineux.

Famille : Rhamnées.
origine : Asie centrale et australe, Amérique du Nord et île de Java.
Feuillage : Semi-persistant. De petites feuilles ovales fines.
Les nouvelles feuilles sont orangées.
Floraison : Toutes petites fleurs blanc-vert d'avril à mai.
Fruits : Baies rouge foncé à noires d'août à septembre (rare).
Difficulté : Moyenne.

Sageretia âgé de 10 ans.

Emplacement

Lorsque vous le placez dehors au printemps, habituez-le progressivement aux rayons du soleil, mais en été, placez-le à la mi-ombre. Lorsque vous le replacerez à l'intérieur en octobre/novembre, choisissez-lui un endroit frais et très lumineux.

Entretien courant

Arrosage : Le sagérétia possède des feuilles très fines, et a donc peu d'autonomie, contrairement au ficus par exemple, qui possède des feuilles épaisses. Surveillez la terre, arrosez le plus abondamment en été qu'en hiver et dès que celle-ci est sèche en surface.
Fertilisation : Fertilisez votre arbre une fois par mois au printemps et en automne. Préférez les engrais organiques aux engrais chimiques.
Rempotage : Utilisez un mélange de 40 % d'akadama, 40 % de terreau universel et 20 % de gravier ou sable pour un rempotage tous les 2 à 3 ans entre avril et juin.
Taille : Taillez le sagérétia durant sa période de croissance, toujours au-dessus d'une feuille. Laissez une ou deux nouvelles feuilles pour lui permettre de s'étoffer.

Techniques particulières

Défoliation : Possible lorsque les feuilles sont trop encombrées d'aleurodes et que vous avez du mal à vous en débarrasser. Mais ne le faites pas plus d'une fois par an, cela fatigue l'arbre.
Ligature : On peut le ligaturer toute l'année, posez les fils sur bois aoûté et surveillez bien les branches en période de croissance pour éviter les marques.

Maladies/parasites

Le sagérétia ayant des feuilles assez claires, il est parfois attaqué par les aleurodes. Passez un coup de jet d'eau assez fort dans le feuillage pour les dissuader. Il peut aussi être attaqué par des pucerons, araignées jaunes, et plus rarement par des cochenilles. Le sagérétia est susceptible d'être chlorosé, effectuez un apport en fer et placez le bien à la lumière. L'oïdium peut aussi l'atteindre, surtout en début d'été quand il fait chaud et humide. Placez l'arbre dans un espace très aéré et traitez-le avec un traitement biologique.

Serissa

Serissa foetida, S. japonica et *S. variegata*

Il mérite bien son nom de fétide (*foetida*), car une odeur nauséabonde se dégage lorsqu'on taille ses branches ou ses racines. Il s'agit d'une technique de défense contre les prédateurs.

Serissa âgé de 10/12 ans.

Famille : Rubiacées.
origine : Inde, Chine et Japon.
Feuillage : Semi-persistant. *Serissa foetida* porte de petites feuilles fines vert foncé, tandis que S. *japonica* et S. *variegata* ont des feuilles panachées vertes et blanches.
Floraison : Petites fleurs blanches pour *Serissa foetida* et *variegata* et petites fleurs roses chez le *japonica* en juin.
Fruits : Pas de fruits.
Difficulté : Moyenne.

Emplacement

Le serissa est un arbre d'orangerie. Il supporte les petites gelées, jusqu'à -3/-4 °C, mais mieux vaut le rentrer en hiver, idéalement dans une véranda non chauffée car il a besoin d'un vrai repos hivernal. Lors des beaux jours, sortez-le ; au soleil au printemps mais à la mi-ombre en été.

Entretien courant

Arrosage : Au printemps, un arrosage plus abondant qu'en hiver sera nécessaire. Dès que la terre est sèche en surface, effectuez un arrosage généreux. Cependant, attention à l'excès d'eau.
Fertilisation : Une fois par mois au printemps et en automne avec un engrais organique à décomposition lente.
Rempotage : Tous les 2 ou 3 ans entre avril et juin dans un mélange très drainant de 50 % d'akadama, 30 % de terreau universel et 20 % de gravier ou sable.
Taille : Sans difficulté, pendant la période de pousse. En hiver lorsqu'il a un peu moins de feuilles, vous pouvez effectuer la taille de structure.
Évitez de tailler juste avant la floraison, car les fleurs apparaissent sur les nouvelles pousses.

Techniques particulières

Défoliation : Possible lorsque le feuillage n'est pas très joli à la sortie de l'hiver. On incite ainsi l'arbre à refaire tout son feuillage. Cependant, n'effectuez pas cette opération plus d'une fois par an, car cela l'épuise.
Ligature : Possible tout au long de l'année, mais faites attention à ne pas laisser le fil trop longtemps pour ne pas marquer le bois.

Maladies/parasites

Acariens, pucerons, cochenilles et aleurodes : effectuez un traitement biologique adéquat si vous n'arrivez pas à les retirer manuellement.

PAS DE PANIQUE...

Le serissa perd régulièrement des feuilles, particulièrement en automne et en hiver. Les feuilles deviennent jaunes et tombent. Il n'a donc pas toujours une très belle mine surtout l'hiver. Cela ne veut pas dire qu'il est en mauvaise santé. Il s'adapte simplement au changement de lumière, d'humidité et de saison. Le serissa est un semi-persistant, il ressortira de nouvelles feuilles bien vertes au printemps.
Il faut simplement être patient...

Troène

Ligustrum japonica (troène du Japon),
L. sinense (troène de Chine), *L. variegata*

Cousin du troène d'Europe (*Ligustrum vulgare*), le troène est un arbuste aux rameaux flexibles qui servait autrefois de lien.

Troène du Japon âgé de 25 ans.

Famille : Oléacées.
origine : Asie.
Feuillage : Semi-persistant.
Floraison : Le troène de Chine fait facilement des petites fleurs blanches, de juin à juillet, le *japonica* en fait rarement.
Fruits : En septembre, il peut faire des baies noires (rare).
Difficulté : Facile.

Emplacement

Une véranda est le lieu idéal pour qu'il passe l'hiver. Il lui faut un endroit très frais mais à l'abri du gel. Mettez-le au soleil au début du printemps, mais dès les grosses chaleurs, placez-le à la mi-ombre.

Troène de Chine de 11 ans.

Entretien courant

Arrosage : Le troène possède un feuillage fin. Il résiste peu aux grandes sécheresses. Favorisez un arrosage très abondant et fréquent en période de pousse. Réduisez l'arrosage en hiver, mais surveillez tout de même la surface de la terre pour savoir quand arroser.
Fertilisation : Un engrais à décomposition lente est l'idéal. Une fois par mois au printemps et en automne.
Rempotage : Tous les 2 à 3 ans, entre avril et juin dans un mélange de 40 % d'akadama, 40 % de terreau universel et 20 % de gravier ou sable.
Taille : Taillez votre bonsaï plusieurs fois durant sa période de croissance pour maintenir sa forme initiale. Les troènes poussent assez vite. En hiver, il est possible que votre arbre perde une bonne partie de son feuillage, surtout s'il est dans un endroit frais. Pas d'inquiétude, il fait son automne et se met en dormance. Vous pouvez en profiter pour effectuer une taille de structure.

Techniques particulières

Ligature : Le troène est assez souple, donc bon candidat pour la ligature ; cependant, ne laissez pas les fils trop longtemps sur les branches pour éviter de marquer le bois.

Maladies/parasites

Si votre arbre se trouve dehors, il sera moins sensible aux maladies et parasites. Cependant, il se peut qu'il soit attaqué par des cochenilles que l'on peut retirer facilement manuellement. Lors des périodes chaudes et humides, le troène est parfois recouvert d'oïdium. Effectuez un traitement biologique.

Vanillier de Cayenne

Duranta repens, D. variegata

On trouve en vente des vanilliers de Cayenne de grande taille, de 20 ans ou plus, car ils font souvent l'objet de prélèvement directement dans la nature.

Duranta âgé de 25 ans.

Famille : Verbénacées.
Origine : Antilles, Amérique tropicale et Indonésie.
Feuillage : Persistant. Vert très clair, limite jaune, puis violet presque noir.
Floraison : Juillet et août, de couleur bleu/violet en grappe au doux parfum de vanille. Il fleurit très rarement en pot, ne le choisissez donc pas pour ses fleurs.
Fruits : Jaunes et toxiques.
Difficulté : Facile.

Emplacement

Il aime la lumière et le soleil. Lors des beaux jours, sortez-le en plein soleil et vous pourrez apprécier le changement de couleur des feuilles qui deviennent violettes, presque noires. Évitez tout de même de le mettre en plein soleil durant les fortes chaleurs. En hiver, privilégiez un endroit très lumineux et très frais. N'hésitez pas à rajouter une lampe quelques heures par jour durant l'hiver pour éviter qu'il ne souffre d'un manque de lumière.

Entretien courant

Arrosage : Le feuillage du vanillier se ramollit dès qu'il commence à avoir trop soif. C'est un bon indicateur pour voir si vous avez loupé un arrosage, mais n'attendez pas qu'il vous l'indique pour l'arroser. Dès que la terre est sèche en surface, réalisez un arrosage abondant.

Fertilisation : Dès que votre bonsaï fait de nouvelles pousses au printemps, effectuez un premier apport d'engrais, puis un par mois jusqu'en juin, puis de septembre à novembre.

Rempotage : Tous les 2 à 3 ans entre avril et mai. Placez-le dans un mélange de 40 % d'akadama, 40 % de terreau universel et 20 % de gravier ou de sable.

Taille : Le vanillier pousse assez vite et se taille facilement. Taillez très court en début de printemps pour lui redonner une silhouette. Si vous souhaitez essayer d'avoir des fleurs, celles-ci poussent sur le bois de l'année, il faudra donc limiter les tailles au printemps.

Techniques particulières

Défoliation : Pas plus d'une fois par an au risque d'épuiser l'arbre. Vous pouvez profiter d'un rempotage pour effectuer la défoliation.

Ligature : Toute l'année, cependant surveillez bien les branches pour éviter qu'il marque.

Maladies/parasites

La bête noire des *Duranta* sont les aleurodes. Lorsque le *Duranta* est dehors à prendre la pluie régulièrement, les aleurodes finissent par partir ; cependant, s'il se trouve à l'intérieur, effectuez un traitement bio que vous recommencerez régulièrement.
En effet, le traitement est inefficace sur les œufs. Certains utilisent aussi des papiers tue-mouches jaunes pour les attirer ailleurs.
Il peut être parfois attaqué par des acariens, cochenilles ou pucerons, et peut être atteint d'oïdium.

Bonsaïs d'extérieur

Les bonsaïs d'extérieur sont des arbres plus ou moins rustiques et doivent être toute l'année à l'extérieur, ou en serre froide pour les moins résistants aux gelées. Parmi les bonsaïs d'extérieur, il y a des feuillus et des conifères qui sont caducs, semi-persistants ou persistants. Vous trouverez ici les espèces les plus couramment utilisées en bonsaï.

Pin blanc
(*Pinus pentaphylla*).

Abricotier du Japon

Prunus mume

Très cultivé au Japon, il est chargé de différents symboles, dont la pureté, du fait de sa floraison précoce avant la fin de l'hiver. Il annonce le printemps.

Abricotier âgé de 18 ans en fleur en fin d'hiver.

Famille : Rosacées.
Origine : Chine et Corée.
Feuillage : Caduc.
Floraison : Fin janvier à avril. Diverses variétés à fleurs blanches ou roses, simples ou doubles, odorantes.
Fruits : Juin. Ronds, jaune-vert, comestibles mais amers. En Asie, on en extrait le jus.
Difficulté : Moyen.

Emplacement

Plein soleil, surtout au printemps. Dès que les bourgeons s'ouvrent et que les jeunes pousses s'allongent, il a besoin d'une bonne quantité de lumière. En cas de grosse chaleur, placez-le sous ombrage. Il supporte bien le froid mais les fleurs sont très sensibles au gel : placez-le dans une pièce hors gel mais bien éclairée. En cas de fortes pluies, protégez sa floraison s'il est à l'extérieur.

Abricotier au printemps.

Entretien courant

Arrosage : Modéré en hiver. Au printemps, attendre que la terre sèche entre deux arrosages lorsque les bourgeons se forment. En été, arrosez abondamment, surtout en cas de grosse chaleur et maintenez si possible une atmosphère humide.

Fertilisation : Après la floraison, avec un engrais organique puis de nouveau en septembre.

Rempotage : Tous les 2 ans au printemps après la floraison. L'akadama peut être utilisé seul, mais vous pouvez ajouter du gravier s'il y a besoin de drainer plus.

Taille : Effectuez la taille de structure au moment du rempotage. La taille des rameaux se fait après la floraison, laissez-les se développer puis coupez au-dessus de la 3e ou de la 2e feuille suivant la vigueur du rameau. La repousse est en général moins vigoureuse, la taille n'est alors pas nécessaire. Il supporte mal les tailles trop sévères et le bourgeonnement arrière assez difficile.

Techniques particulières

Ligature et défoliation : De la fin du printemps à l'automne. Protégez les branches avec du raphia. La défoliation est possible partiellement au moment de la taille des rameaux si les feuilles sont trop grosses et empêchent la lumière d'accéder à l'intérieur de la ramure.

Maladies/parasites

L'abricotier peut être attaqué par les cochenilles et parfois par le feu bactérien.

Aubépine

Crataegus cuneata, C. laevigata, C. monogyna

Avec leurs petites feuilles gracieuses, nos aubépines européennes sont de bonnes candidates pour créer des bonsaïs avec des espèces sauvages.

C. monogyna âgée de 40 ans.

Famille : Rosacées.
Origine : *C. cuneata* est originaire du Japon, *C. Laevigata* et *C. monogyna* poussent à l'état sauvage en France.
Feuillage : Caduc. Feuilles dentées ou lobées.
Floraison : Abondante, blanche ou rose au printemps.
Fruits : Rouges ou jaunes, nombreux de septembre à novembre.
Difficulté : Facile.

Emplacement

L'aubépine aime le soleil mais supporte mal les fortes chaleurs, placez l'arbre à la mi-ombre en été. Bonne résistance aux gelées.

Entretien courant

Arrosage : Attendez que le dessus de la terre sèche avant d'arroser à nouveau, les racines apprécient de s'assécher légèrement. Ne pas arroser le feuillage en été pour éviter l'apparition d'oïdium.
Fertilisation : Deux fois en automne et au printemps. Un apport supplémentaire lorsque l'arbre porte des fruits, avec si possible un engrais riche en potassium.
Rempotage : Tous les 2 ans, de préférence au printemps, mais possible en début d'automne. L'aubépine a peu d'exigence au niveau du substrat tant qu'il n'est pas calcaire. Utilisez un mélange avec au moins 60 % d'akadama, complétez avec du terreau et un peu de gravier ou de kiryu.
Taille : Les branches peuvent être taillées avant ou après la floraison en enlevant par la même occasion quelques fruits, ce qui évitera que l'arbre ne se fatigue de trop.

Techniques particulières

Ligature : L'aubépine réagit très bien à la ligature, la pose des fils peut se faire toute l'année mais surveillez bien afin de ne pas blesser les branches.

Maladies/parasites

Très sensible au feu bactérien, les fleurs et jeunes pousses sèchent et noircissent. Coupez les rameaux malades et passez un fongicide avant la floraison. Sensible également à l'oïdium.

Fleurs de *C. monogyna*.

Fruits de *C. laevigata*.

Azalée

Rhododendron indicum

L'azalée est appelée satsuki en japonais, ce qui signifie « 5e lune », qui correspond au mois de sa floraison. Sa culture est très populaire au Japon.

Azalée Kakuo.

Famille : Éricacées.
Origine : Japon.
Feuillage : Persistant, vert foncé avec de petits poils très fins sur le dessus.
Floraison : Mai durant 1 mois.
Difficulté : Moyenne.

Variétés

Il en existe près de 3 000 variétés. Les azalées se prêtent très bien à la culture en bonsaï : outre l'abondance de fleurs au printemps et leur feuillage dense, la facilité de taille en fait un bonsaï d'exception.

Emplacement

En plein air et lumineux, au minimum 4 heures de plein soleil, le matin et le soir en été. Les variétés à petites feuilles supportent bien le soleil. Vers la fin de l'été et en automne, une bonne quantité de lumière est indispensable pour la formation des boutons floraux qui s'ouvriront au printemps suivant. En hiver, certaines variétés sont plus résistantes que d'autres aux gelées, mais elles ont en général une bonne rusticité. Si les températures passent en dessous de -5 °C pendant plusieurs jours, protégez l'azalée dans un endroit hors gel, lumineux et avec une ventilation correcte, ce qui limitera l'apparition de maladie fongique.

Entretien courant

Arrosage : Son substrat, à base de terre de bruyère, a tendance à sécher plus rapidement qu'un autre substrat, il faut donc redoubler de vigilance en été. Pendant la floraison, la plante consomme beaucoup d'eau, le substrat ne doit donc pas trop sécher car les fleurs sont les premières à en pâtir. Bien mouiller le feuillage également, excepté durant la floraison. Ne mouillez jamais les fleurs, cela favorise l'apparition de la rouille des pétales, la fleur devient brunâtre et fane. Réduisez la quantité en hiver et arrêtez en cas de gel.
Fertilisation : Trois fois par an en mars, avril et en septembre. Ne pas donner d'engrais pendant la floraison.
Rempotage : Tous les 2 à 3 ans, dans un mélange de 70 % de terre de bruyère et 30 % de kanuma. La période propice est très courte puisqu'elle doit se situer entre la fin de la floraison, fin mai, et le début des grosses chaleurs. Il est possible de rempoter avant le début du printemps mais le bonsaï devra être placé hors gel.
Taille : La particularité des azalées

EN AVANCE…

Les azalées forment leurs boutons floraux 9 à 10 mois avant la période de floraison. Vous pouvez donc visualiser très tôt la floraison dont vous profiterez au mois de mai suivant !

satsuki est que les nouvelles pousses apparaissent au printemps avant la floraison, à l'inverse d'autres espèces d'azalée ou de rhododendron. La taille va s'effectuer en fonction de l'état d'avancement du bonsaï ; si la structure est déjà bien en place, il faudra pincer les jeunes pousses autour du bouton floral, voire les supprimer, pour un bon développement des fleurs. Dans le cas d'arbre en formation, laissez pousser les branches tant qu'elles n'ont pas atteint le diamètre souhaité. Pour conserver la forme souhaitée, plusieurs interventions sont nécessaires au cours de la saison. Après la floraison, enlevez tous les pistils des fleurs pour favoriser la croissance et effectuez une taille de structure. Ne taillez ensuite que les pousses trop vigoureuses qui ont souvent de grands entre-nœuds et ôtez les pousses qui naissent sur le tronc. En automne, la croissance s'arrête et l'arbre se met en dormance, supprimez alors les branches mortes.

Techniques particulières

Ligature : Les branches de l'azalée cassent très facilement, évitez cette technique ou réalisez-la sur de jeunes branches plus souples. Le meilleur moment pour ligaturer et faire la taille de mise en forme est au début du printemps avant le bourgeonnement. Préférez le haubanage qui comporte moins de risque pour les branches.

Maladies/parasites

Au niveau du feuillage, le phytophthora entraîne le dessèchement et la chute des feuilles. Taillez les parties malades et traitez avec un fongicide bio.

MULTIPLICATION

L'azalée se multiplie très facilement par bouturage. Placez votre bouture à l'étouffée dans 100 % de kanuma en ayant trempé le bout de la tige dans de la poudre d'hormone de bouturage. Des racines apparaissent quelques semaines après.

Azalée âgée de 20 ans.

Azalée Hoshi no kagayaki.

Charme

Carpinus koreana (charme de Corée),
C. laxiflora (charme du Japon), *C. betulus* (charme commun)

Les charmes sont des arbres faciles à former et à entretenir, ils sont souvent cultivés en style forêt.

Charme du Japon
âgé de 11 ans.

Famille : Bétulacées.
Origine : Asie, Europe. Les deux espèces asiatiques sont les plus utilisées pour la culture en bonsaï.
Feuillage : Caduc, marcescent. Feuilles dentelées vertes, à belle coloration rouge orangé-jaune à l'automne. Le charme commun (*C. betulus*) offre des couleurs automnales moins attrayantes.
Floraison : Chatons, sans intérêt.
Fruits : Graines en octobre.
Difficulté : Facile.

Emplacement

À l'extérieur, dans un endroit très lumineux. Il supporte le plein soleil au printemps et en automne, mais un ombrage est indispensable en été pour éviter tout risque de brûlure au niveau du feuillage. Conservez toujours une bonne humidité. Le charme supporte bien les gelées (protection au-delà de -5 °C).

Taille : Au printemps, réduire chaque branchage à une ou deux paires de feuilles après qu'il ait émis 4 ou 6 paires. Taillez toujours plus sévèrement le sommet de l'arbre. Taille de structure en hiver pour éliminer les branches disgracieuses.

Entretien courant

Arrosage : Abondant en été, bassinez le feuillage. En hiver, lorsque la terre est bien sèche.
Fertilisation : Au minimum deux fois dans l'année au printemps et à l'automne.
Rempotage : Au début du printemps tous les 2 à 3 ans. 60 % d'akadama, 20 % de gravier/kiryu et 20 % de terreau tamisé.

Techniques particulières

Ligature : La ligature peut être posée en hiver mais le charme se structure très bien par la taille, on obtient rapidement une ramification importante.

Maladies/parasites

Très résistant aux parasites et aux maladies mais sensible à l'oïdium.

Feuilles de charme commun.

Feuilles d'automne de charme de Corée.

Charme de Corée à l'automne.

Chêne

Quercus pubescens (chêne pubescent), *Q. robur* (chêne pédonculé), *Q. ilex* (chêne vert), *Q. suber* (chêne-liège)

Les chênes font de beaux bonsaïs mais, leurs feuilles étant assez grandes, il faut qu'ils aient une taille suffisante pour être harmonieux.

Famille : Fagacées.
Origine : Europe tempérée et méditerranéenne.
Feuillage : Persistant, vert foncé brillant, denté pour *Q. ilex* et *Q. suber*. Caduc, marcescent et lobé pour *Q. pubescens* et *Q. robur*.
Fleurs : Jaune d'avril à mai, sans intérêt.
Fruits : Glands brun-roux, ovale ou globuleux à l'automne.
Difficulté : Facile.

Chêne pubescent âgé de 10 ans.

Emplacement

Il aime la chaleur et résiste au froid, mais les espèces méditerranéennes (*Q. ilex, Q. suber*) supportent mal les périodes de forte gelée : en hiver, placez-les dans une pièce lumineuse et non chauffée. Les autres espèces de climat tempéré ont besoin d'un peu d'ombre pendant l'été, ils ont une très bonne résistance au froid.

Entretien courant

Arrosage : Abondant, mais laissez bien sécher la terre entre deux apports d'eau. Le chêne n'aime pas les substrats constamment humides. Évitez d'arroser le feuillage par temps chaud et humide, cela favorise l'apparition de l'oïdium et le chêne y est très sensible. Cependant, rassurez-vous, il résiste parfaitement à la maladie (si vous ne la laissez pas s'installer).

Fertilisation : Faire un apport toutes les 3 semaines de mars à fin juin puis de septembre à novembre pour le préparer à l'hiver. Évitez un engrais trop azoté au début du printemps, ce qui ferait grossir les feuilles (phénomène accentué avec le manque de lumière si l'arbre est trop à l'ombre).

Rempotage : Tous les 2 à 3 ans, dans un mélange d'akadama et de gravier fin. Les racines sont puissantes, coupez au moins la moitié du chevelu.

Taille : En mars, pincez les jeunes rameaux en laissant 2 ou 3 feuilles, voire 1 au niveau de l'apex (sommet de l'arbre). Taillez régulièrement les pousses vigoureuses jusqu'à l'automne. En hiver, réalisez la taille de structure en taillant les branches fortes à 2 nœuds, réduisez au niveau d'un bourgeon apparent sur les branches fines.

Techniques particulières

Ligature : Le chêne se forme bien par la taille, en style balai la plupart du temps. En hiver au moment de la taille de structure, surveillez que le fil ne blesse pas les branches durant la saison de croissance.

Maladies/parasites

Pucerons lanigères, buprestes et capricornes (mangeur de bois), oïdium.

Feuilles juvéniles d'un chêne pubescent.

Cognassier

Chaenomeles sinensis, C. speciosa, C. lagenaria et *C. japonica*

D'aspect buissonnant, le cognassier du Japon est simple à structurer en bonsaï et pousse naturellement de façon sinueuse. Sa floraison printanière est spectaculaire.

Famille : Rosacées.
Origine : Chine.
Feuillage : Feuilles caduques vertes, brillantes, dentées, oblongues ou ovales.
Floraison : Mars à avril. Fleurs rouges, roses ou blanches.
Fruits : En octobre, ronds, jaunes, jaune-vert.
Difficulté : Facile.

Cognassier âgé de 25 ans.

Emplacement

Cet arbuste aime le soleil, cependant dans les périodes de grosse chaleur, placez-le dans un endroit semi-ombragé. Il craint le gel, aussi placez-le dans un endroit lumineux à une température de 8-10 °C.

Entretien courant

Arrosage : Régulier car il boit beaucoup. Bien surveiller la terre au moment de la floraison, un manque d'eau ferait tomber les boutons et un excès, faner les fleurs. En cas de fortes pluies au printemps, mettez-le à l'abri. En hiver, le substrat doit s'assécher.
Fertilisation : En avril-mai puis en septembre avec un engrais riche en phosphore et potassium pour favoriser la floraison.
Rempotage : Tous les 2 ans au printemps après la floraison ; cependant, se méfier des gelées tardives : dans ce cas, un rempotage à l'automne peut être fait, mais protégez-le bien des aléas du climat et surtout du gel. Un mélange d'akadama/gravier pour le substrat lui conviendra ; il supporte le calcaire, mais une terre légèrement acide lui convient aussi bien.
Taille : Après la floraison, réduire à deux yeux les rameaux qui ont poussé, à renouveler pendant toute la saison de croissance. Enlevez les nouvelles pousses sur le tronc, sauf si vous souhaitez faire apparaître une nouvelle branche à un endroit précis.

Techniques particulières

Ligature : Possible de l'automne jusqu'à la fin de l'été. Laissez le fil de 4 à 6 mois pour obtenir la silhouette désirée. Cependant, la taille de structure donne déjà de bons résultats, la ligature n'est pas indispensable.

Maladies/parasites

Pucerons et cochenilles.
Feu bactérien, galle du collet.

Fleurs d'un cognassier.

Cotoneaster

Cotoneaster horizontalis

La petite taille de ses feuilles, fleurs et fruits en font un arbre idéal pour la culture en bonsaï, qu'on peut aisément former en style cascade.

Famille : Rosacées.
Origine : Chine.
Feuillage : Caduc ou semi-persistant, petite feuille ronde vert foncé et luisante.
Floraison : Mai. Blanc rosé.
Fruits : Persistants de septembre jusqu'à la fin d'hiver. Baies rouge vif.
Difficulté : Facile.

Cotoneaster âgé de 9/10 ans.

Emplacement

À l'extérieur. Il est peu exigeant mais a besoin d'une bonne luminosité. Il supporte bien le soleil, cependant en période de canicule procurez-lui un peu d'ombre surtout pour les bonsaïs de petite taille. En hiver, protégez-le en dessous de -3 °C.

Entretien courant

Arrosage : En été, arrosez copieusement s'il est placé dans un endroit ensoleillé, mouillez le feuillage, et laissez toujours la terre s'assécher légèrement en surface (le cotonéaster n'aime pas l'humidité constante au niveau du sol). En hiver, attendez que la terre sèche entre deux arrosages.
Fertilisation : Trois apports dans l'année, deux au printemps et un à l'automne. Plus la quantité de fruits est importante, plus vous devrez fertiliser.
Rempotage : Tous les 2 ou 3 ans. Peu exigeant quant à la nature du sol. Un mélange d'akadama (au moins 70 %) et de gravier lui conviendra, un bon drainage est nécessaire.
Taille : On peut le tailler toute l'année. Dès qu'une branche atteint 8 à 10 cm, coupez-la à partir de la base, au-dessus de la première ou deuxième feuille, sauf si vous désirez faire grossir ou former une nouvelle branche. Plus le rameau est vigoureux, plus il faut couper court. La ramification est très compacte, c'est un arbre facile à tailler même pour un débutant. Pendant l'hiver, rectifiez la structure en coupant les branches opposées pour rompre la symétrie.

Techniques particulières

Ligature : Il adopte déjà au naturel une forme sinueuse. En effectuant la taille de structure chaque année, il n'est pas nécessaire d'utiliser la ligature, excepté pour accentuer les courbures de certaines branches surtout lorsqu'on prépare un arbre en cascade.

Maladies/parasites

Parasites : cochenilles et pucerons.
Feu bactérien : feuilles et nouvelles pousses qui noircissent, se dessèchent. Coupez les parties malades et évitez les engrais trop azotés, les sols humides et traitez avec un fongicide bio.

Fleurs d'un cotonéaster.

Enkianthus

Enkianthus perrulatus, E. campanulatus

Ces deux espèces, de la même famille que les azalées, aiment les terres acides. On les cultive surtout pour leur floraison et leurs couleurs d'automne flamboyantes.

Enkianthus en fleur.

Famille : Éricacées.
Origine : Japon et Chine (Himalaya).
Feuillage : Caduc. Les feuilles sont réunies en bouquets à l'extrémité des rameaux. Prend de splendides couleurs jaune orangé à rouge à l'automne.
Floraison : Fleurs blanches pour *E. perrulatus* en avril-mai qui apparaissent avant le feuillage et ressemblent beaucoup à celles du muguet.
Chez *E. campanulatus*, les fleurs sont en grappes pendantes, campanulées jaune crème, veinées de rouge rosé.
Difficulté : moyen.

Emplacement

Si vous voulez de belles couleurs automnales, l'enkianthus doit bénéficier de beaucoup de lumière au printemps et à l'automne. Une place à mi-ombre sera plus adaptée pendant la saison estivale. L'hiver, protégez-le du gel (-3 °C).

Entretien courant

Arrosage : Abondant dès l'apparition des feuilles et jusqu'en automne à chaque fois que la terre est sèche en surface. Il n'aime pas la sécheresse. Diminuez en hiver quand l'arbre n'a plus de feuilles.
Fertilisation : Deux fois au printemps et deux fois à l'automne.
Rempotage : Tous les 2 à 3 ans au printemps. Mélange de 80 % de kanuma/ terre de bruyère et 20 % de gravier/ kiryu. Il n'apprécie pas le calcaire.

Taille : Une à deux fois pendant la saison de végétation, surtout si l'arbre pousse beaucoup. Taille de structure en hiver en essayant de supprimer les fourches.

Techniques particulières

Ligature : Au printemps et à l'automne ; faire attention en posant le fil car le bois est relativement cassant.

Maladies/parasites

Cochenilles et pucerons.
Sensible à la chlorose.

Fleurs d'*E. perrulatus*.

Feuilles d'automne d'*E.campanulatus*.

Épicéa

Picea jezoensis et *P. glehnii*

Ces deux espèces sont souvent utilisées en bonsaï car leurs aiguilles sont très petites et la ramification compacte. Ce sont des arbres très rustiques, à la longévité importante.

Picea jezoensis âgé de 9 ans.

Famille : Pinacées.
Origine : Régions montagneuses du Japon (île de Hokkaido) et de Russie (île Sakhaline).
Feuillage : Persistant. Aiguilles raides et piquantes, vert sombre et luisantes, blanc argent sur la face inférieure pour *P. jezoensis*. L'épicéa commun d'Europe peut aussi être cultivé en bonsaï mais les aiguilles sont plus grandes.
Fruits : Cônes en automne.
Difficulté : Facile.

Emplacement

À l'extérieur toute l'année. Il aime le grand soleil, un peu d'ombre en cas de forte chaleur mais surtout un bon arrosage. Une place à l'ombre toute l'année convient aussi. En hiver, il craint les gelées en dessous de -5 °C et les pluies trop abondantes ; abritez-le si nécessaire.

Entretien courant

Arrosage : L'épicéa aime les sols et l'air humide, arrosez abondamment l'été tout en bassinant le feuillage. Il résiste tout de même bien à la sécheresse. En hiver, laissez la terre sécher entre deux arrosages.

Fertilisation : Donnez-lui un engrais organique à décomposition lente une fois par mois au printemps et à l'automne.

Rempotage : Tous les 3 à 5 ans en fonction de l'âge, dans un mélange de 70 % d'akadama et 30 % de gravier. Le sol doit absolument drainer, il supporte mal les substrats détrempés. Gardez une bonne motte centrale et ne taillez pas les racines trop sévèrement.

Taille : Au printemps, pincez tôt les jeunes pousses vert clair. En hiver, taille de structure en réduisant à la longueur souhaitée les rameaux trop longs et coupez toujours au niveau d'un bourgeon visible. Nettoyez régulièrement l'intérieur de la ramure en supprimant les branches mortes et les aiguilles sèches, afin que les bourgeons dormants bénéficient de la lumière et dans le but de limiter l'apparition de parasites.

Techniques particulières

Ligature : En automne ou au début de l'hiver. Retirez le fil de cuivre 9 à 10 mois plus tard.

Maladies/parasites

Sensible aux acariens, traitez en douchant fortement le feuillage à plusieurs reprises pendant quelques semaines. Pour les maladies cryptogamiques, la rouille et le chancre, utilisez un fongicide bio.

Aiguilles de *Picea jezoensis*.

Érable de Burger ou trident

Acer buergerianium ou *A. trifidum*

Son nom provient de Heinrich Buerger, négociant hollandais qui ramena du Japon en Europe les premières graines en 1890. Sa dénomination « trident » indique qu'il possède des feuilles à 3 lobes.

Famille : Sapindacées.
Origine : Japon.
Feuillage : Caduc. En forme de trident, les feuilles sont petites, vertes. En automne, belle coloration qui va du jaune-orange au rouge lie-de-vin.
Floraison : En avril. Feuilles jaune pâle et groupées.
Fruits : Septembre-octobre. Samares.
Difficulté : Facile.

Érable trident âgé de 10 ans.

Emplacement

Il supporte bien la chaleur, mieux que les *Acer palmatum*. Toutefois, en cas de température élevée, protégez-le à l'ombre. Entretenez toujours une atmosphère humide. En hiver, protégez du gel dans un local clair mais non chauffé. À placer toujours dans un endroit lumineux, ce qui lui donnera ses magnifiques couleurs à l'automne.

Entretien courant

Arrosage : En été, arrosez abondamment : une quantité d'eau supérieure au volume de la terre du pot, au minimum une fois par jour même s'il a plu. Le feuillage étant très dense, la pluie ne pénètre pas dans le pot. Arrosez le feuillage. En hiver, arrosez lorsque la terre est sèche.
Fertilisation : Deux fois dans l'année, au printemps et à l'automne.
Rempotage : Tous les 2 à 3 ans dans un pot plus grand que le précédent, avec au moins 70 % d'akadama et le reste de kiryu ou de gravier.
Taille : Arbre très vigoureux qui demande une taille répétée entre mars et août. Taillez à chaque fois que le jeune rameau possède 2 à 4 paires de feuilles, généralement sur un tiers de sa longueur. L'hiver, vous pouvez envisager une taille de structure en éliminant les branches disgracieuses mais évitez une coupe trop sévère.

Techniques particulières

Ligature : Sa forme est donnée par sa taille. On intervient donc rarement.

Maladies/parasites

Peu sujet aux maladies et aux parasites.

Feuillage d'automne après la pluie.

Érable du Japon

Acer palmatum

Les érables du japon sont appréciés du fait de la multiplicité de leurs couleurs entre le printemps et l'automne et suivant les variétés.

Magnifique érable *palmatum* d'une trentaine d'années au printemps.

Famille : Sapindacées.
Feuillage : Caduc. Vert ou pourpre.
Floraison : Mai à juin. Pourpres et groupées.
Fruits : Septembre à octobre (samares).
Difficulté : Moyenne.

Variétés

Ce genre compte environ 300 variétés, dont les plus répandues sont 'Deshojo', 'Shishigashira', 'Seigen' et 'Kyohime'.

Emplacement

Placez votre *Acer* à la mi-ombre. Il peut supporter un plus grand soleil au printemps mais veillez à ce que la base des racines soit assez humide. L'été, placez-le à l'ombre pour éviter que le soleil ne grille les feuilles, surtout sur les variétés à feuillage clair. Il redoute également les vents chauds. Dès la fin des grosses chaleurs, ôtez l'ombrage pour que l'arbre puisse se parer des belles couleurs de l'automne. L'hiver, protégez-le du gel à partir de -5 °C.

Entretien courant

Arrosage : En été, arrosez copieusement (vous pouvez également arroser le feuillage, sauf si l'arbre est en plein soleil). Laissez sécher un peu la motte entre deux arrosages. En hiver, arrosez dès que la terre est sèche.

Fertilisation : Deux fois dans l'année, au printemps et à l'automne avant la chute des feuilles.

Rempotage : Tous les 2 à 3 ans, dans un sol conservant bien l'humidité. Mélangez avec l'akadama un peu de gravier et de terreau.

Taille : Au printemps, pincez ou taillez les rameaux en ne laissant que deux paires de feuilles. En hiver, lorsque l'arbre est dénudé, éliminez les branches disgracieuses mais ne soyez pas trop sévère ; taillez toujours au niveau d'un nœud pour voir apparaître de nouveaux bourgeons au printemps.

Techniques particulières

Ligature : Protégez l'écorce car elle est fragile, le haubanage sur les grosses branches est plus approprié. Surveillez régulièrement, la moindre incrustation de fil dans l'écorce laissera une cicatrice pendant de longues années.

Défoliation : En juin, il est possible d'effectuer une défoliation si l'arbre est en bonne santé.

Maladies/parasites

L'érable peut être attaqué par les cochenilles et pucerons. Lors des périodes chaudes et humides, il peut se couvrir d'oïdium. Plus rarement, il peut également être attaqué par le verticiliose, contre laquelle il n'existe pas de traitement ; en cas d'attaque, coupez les parties contaminées.

Forêt d'érables *palmatum* âgés de 8 à 10 ans et détail des feuilles juvéniles.

Érable 'Shishigashira' de 15 ans, ses feuilles sont parmi les plus petites chez les érables.

Érable 'Deshojo' de 10/11 ans.

Érable 'Kashima' de 20 ans.

Figuier

Ficus carica

Facile à cultiver, il est préférable de former des bonsaïs de grande taille du fait de la grandeur de ses feuilles.

Figuier âgé d'une quarantaine d'années.

Famille : Moracées.
Origine : Asie occidentale.
Feuillage : Caduc, grande feuille, velue au revers et divisée en lobe.
Fruits : Août à octobre, figues noires ou vertes apparaissant à la base des feuilles.
Difficulté : moyenne.

Emplacement

En extérieur. Beaucoup de luminosité et soleil. En pleine terre, il résistera au froid mais en pot sa résistance est moindre et il est préférable de le placer hors gel pendant l'hiver.

Entretien courant

Arrosage : Arrosez abondamment en été sans trop assécher la terre entre les deux arrosages, il a besoin de beaucoup d'eau pour alimenter ses larges feuilles et ses figues. Arrosage modéré en automne et en hiver quand la terre est bien sèche.

Fertilisation : Deux à quatre fois par an au printemps et à l'automne. Évitez les engrais trop azotés qui favorisent de grandes feuilles, ce qui n'est pas du tout l'objectif pour l'esthétisme du bonsaï.

Rempotage : Au printemps, tous les 2 à 3 ans, dans un mélange avec 50 % d'akadama, 30 % de terreau et 20 % de gravier pour un bon drainage.

Taille : Au moment du rempotage, puis pendant toute la saison de croissance, car celle-ci est vigoureuse. Il supporte bien les tailles répétées ; vous pouvez laisser 2 ou 3 nœuds après chaque taille.

Techniques particulières

Ligature : Du début de l'hiver jusqu'à la fin du printemps, laissez le fil de cuivre 3 à 4 mois. Le bois est tendre, protégez-le si besoin.

Défoliation : Il est possible de défolier l'arbre au début de l'été, ce qui permettra d'obtenir des feuilles plus petites, en plus de la taille. La difficulté étant de réduire les feuilles, il est donc préférable de former un bonsaï de grande taille.

Maladies/parasites

Cochenilles, araignées rouge/jaune, aleurodes.

Feuilles juvéniles d'un figuier.

Genévrier de Chine

Juniperus chinensis

Son feuillage très dense est constitué de minuscules écailles compactes. Ses formes tortueuses se prêtent bien à la technique du Shari.

Genévrier de Chine de 16/17 ans.

Famille : Cupressacées.
Feuillage : Persistant. Les aiguilles juvéniles sont longues, claires et compactes ; âgées, elles sont petites, en écailles.
Floraison : Mars à avril (très discrète).
Fruits : Septembre à novembre. Verts puis noirs.
Difficulté : Facile.

Emplacement

Le genévrier se plaît en extérieur dans un endroit bien éclairé, placez-le à mi-ombre en été en cas de température élevée, surtout quand les pots sont petits. Résistant au gel mais à protéger des longues gelées. La couleur de son feuillage peut ternir en hiver, ne pas s'inquiéter, c'est un phénomène naturel.

Entretien courant

Arrosage : Il aime beaucoup l'eau mais résiste tout de même à la sécheresse. Arrosez régulièrement en été en bassinant le feuillage. En hiver, chaque fois que la terre est sèche en surface.

Fertilisation : Deux apports au printemps à un mois d'intervalle puis un à l'automne.

Rempotage : Tous les 2 ou 3 ans pour les jeunes, 4 à 5 ans pour les plus âgés. Il tolère tous les sols. Un mélange de 60 % d'akadama, 20 % de gravier fin et 20 % de terreau lui convient. Toujours garder une bonne partie de la motte d'origine.

Taille : En mars, coupez à la base d'une ramification les pousses trop vigoureuses (appelées flèches). Entre avril et mai, pincez les jeunes pousses entre le pouce et l'index. Ne taillez jamais les écailles aux ciseaux. En fin d'hiver, éliminez les branchettes mortes ou abîmées et réalisez la taille de structure. Nettoyez les bois morts.

Techniques particulières

Ligature : Le genévrier pousse naturellement de façon sinueuse, il est facile à ligaturer, son bois est souple. Ligaturez à l'automne et laissez la ligature environ 8 mois. Recommencez tous les ans jusqu'à ce que la forme souhaitée soit atteinte.

Maladies/parasites

Sensible aux cochenilles, pucerons, acariens. Douchez énergiquement le feuillage pour prévenir les attaques.

Aiguilles d'un genévrier.

Ginkgo

Ginkgo biloba

Également appelé l'arbre aux quarante écus, il est le seul et dernier représentant de sa famille. Il serait apparu il y a 270 millions d'années, bien avant les dinosaures.

Famille : Ginkgoaceae.
Feuillage : Caduc, vert clair en éventail et jaune d'or à l'automne.
Floraison : Avril (discrète).
Fruits : Septembre à octobre. Très odorants.
Difficulté : Facile.

Un arbre hors du commun

Cet arbre unique est la seule espèce à avoir survécu à la bombe atomique dans la ville d'Hiroshima. Depuis, il est devenu l'emblème de Tokyo et symbolise la croissance, la prospérité et la longévité. Les plants femelles donnent des fruits, mais leur odeur est tellement forte et désagréable qu'on ne plante que des plants mâles en Europe tandis que ce fruit est très prisé en Chine et au Japon pour la cuisine.

Emplacement

Le ginkgo doit vivre à l'extérieur toute l'année. Placez-le à l'ombre ou à la mi-ombre en été lors des fortes chaleurs pour le protéger du soleil. En pleine terre, sa rusticité va jusqu'à -30 °C. Cependant, en pot, protégez ses racines lorsque les températures descendent sous les -5 °C.

Entretien courant

Arrosage : Le ginkgo supporte mal la sécheresse. En été, ne le laissez pas sécher trop longtemps. En hiver, arrosez avec modération.

Fertilisation : Faites un apport d'engrais solide de mars à juin et de septembre à octobre, une fois par mois.

Rempotage : Il est peu exigeant sur la qualité du sol, mais un mélange drainant à 80 % d'akadama et de 20 % de kiryu lui sera préférable. Le moment idéal sera juste avant la reprise de pousse, vers fin février, début mars.

Taille : Sa pousse étant assez lente, une ou deux tailles par an suffisent généralement. Réalisez une taille d'entretien entre avril et juin lors de la période de pousse et une taille de structure en hiver lorsque les feuilles sont tombées pour mieux voir la structure.

Techniques particulières

Ligature et haubanage : Évitez de ligaturer ou de haubaner le ginkgo, la taille suffit généralement à lui donner la forme souhaitée.

Maladies/parasites

Le ginkgo est très rarement sujet aux maladies. Il est également très résistant à la pollution.

Le ginkgo a la particularité d'avoir des feuilles imperméable à l'eau.

Grenadier

Punica granatum

C'est la variété 'Nana' qui est souvent utilisée pour la culture en bonsaï : ses feuilles plus petites sont un atout esthétique.

Grenadier d'une dizaine d'années en pleine pousse.

Famille : Punicacées.
Origine : Moyen-Orient.
Feuillage : Caduc, les feuilles sont petites, vertes et luisantes.
Floraison : De juin à septembre. Fleurs rouges parfois orangées aux pétales fripés.
Fruits : Septembre-octobre, de couleur jaune, orange ou rouge suivant la variété, comestibles. La fructification peut-être importante.
Difficulté : Facile.

Emplacement

Extérieur dans un endroit lumineux. Il aime la chaleur et supporte très bien le soleil. Craint le froid et les fortes gelées : placez-le dans une pièce non chauffée, sortez-le dès que l'épisode de grand froid est passé.

Entretien courant

Arrosage : Abondant en été, bassinez le feuillage. En hiver, réduisez la quantité d'eau mais ne laissez pas la terre trop sécher.
Fertilisation : Au printemps, pour stimuler la floraison et la fructification avec un engrais riche en phosphore et potassium et à l'automne. Il supporte mal le manque d'engrais : des carences peuvent vite apparaître.
Rempotage : Tous les 2 ans, au printemps quand les feuilles commencent à peine à se former. Mélange d'akadama 80 % et de gravier/kiryu 20 %, en ajoutant éventuellement du terreau. Coupez les racines au tiers.
Taille : Pincez les jeunes pousses au printemps en laissant 2 ou 3 feuilles puis ne taillez plus. Après la floraison, taillez les rameaux en ne laissant que 2 yeux. Enlevez régulièrement les pousses qui apparaissent sur le tronc où les rejets à la base des racines.
En hiver, effectuez la taille de structure en supprimant les branches mal orientées, le grenadier supporte les tailles sévères et se ramifie très bien.

Techniques particulières

Ligature : Le grenadier s'oriente facilement par la taille et pousse naturellement de manière sinueuse. La ligature est toutefois possible. Réalisez-la de préférence en hiver et protégez le bois avec du raphia.

Maladies/parasites

Pucerons verts et cochenilles, araignée rouge.

Fleur et futur fruit.

Hêtre

Fagus sylvatica (H. commun) et *F. crenata* (H. crénelé)

Le hêtre crénelé reste le plus approprié en bonsaï car il possède de petites feuilles et des entre-nœuds courts, qui permettent une très bonne ramification.

Facus sylvatica âgé de 10 ans en plein automne.

Famille : Fagacées.
Origine : Europe et Japon (*F. crenata).*
Feuillage : Caduc. Vert tendre au printemps, vert foncé en été, roux à l'automne. Les feuilles restent partiellement attachées à l'arbre et ne tombent que lorsque les nouvelles pousses éclosent. Ce sont des feuilles appelées marcescentes.
Fruits : Septembre. Les faînes sont comestibles.
Difficulté : Facile.

Emplacement

Il a besoin de soleil pour son bon développement surtout au printemps, mais en été, en cas de forte chaleur, protégez-le en le plaçant à l'ombre, surtout pendant l'après-midi. Craint les hivers très rigoureux ; en dessous de -5 °C, protégez les racines. Si la motte gèle plusieurs jours de suite, placez l'arbre dans un endroit hors gel.

Entretien courant

Arrosage : Abondant en été, ne pas oublier le feuillage, conservez toujours un environnement humide. *F. crenata* est plus sensible à la sécheresse et le bord des feuilles peut brunir. En hiver, laissez la terre sécher entre deux arrosages.
Fertilisation : Deux fois par an, au printemps (attendre que les bourgeons éclosent) et à l'automne avant la chute des feuilles.
Rempotage : Tous les 2 à 3 ans au printemps avant l'apparition des nouvelles pousses. Mélange de terre végétale et de sable.
Taille : Au printemps, pincez très tôt les pousses vigoureuses, taillez en laissant 2 ou 3 feuilles sans attendre que le bois durcisse. Les rameaux poussant verticalement doivent être taillés à leur base ; une seule taille dans la saison est suffisante car le hêtre est un arbre dont la croissance est lente. En hiver, taillez les branches trop longues en supprimant les plus gros bourgeons.

Techniques particulières

Ligature : Le bois de hêtre est très tendre et la pose du fil de cuivre risque de le blesser, enrobez le fil avec du papier ou du raphia. Passez un mastic cicatrisant si l'écorce est abîmée. Il est conseillé d'orienter les branches par la taille.
Défoliation : Peu pratiquée, mais possible de manière partielle sur des sujets vigoureux.

Maladies/parasites

Pucerons lanigères.
Chancre et oïdium.

Ci-contre : *Fagus crenata*

Houx

Ilex serrata (H. du Japon), *I. crenata* (H. crénelé)

Ces arbres ont des atouts majeurs pour la culture en bonsaï : des baies colorées et une ramification compacte.

Famille : Aquifoliacées.
Origine : Hémisphère nord.
Feuillage : Persistant vert foncé, crénelé pour *I. crenata*, caduc vert clair, finement dentelée pour *I. serrata*.
Floraison : Au Printemps en mai-juin, fleur blanc rosé (*I. crenata*) ou bleutées (*I. serrata*).
Fruits : Noirs (*I. crenata*) ou rouges (*I. serrata*), ils durent tout l'hiver et n'apparaissent que sur les arbres femelles, les arbres mâles ne servant qu'à la pollinisation.
Difficulté : Facile.

Emplacement

Extérieur. *I. crenata* supporte bien le plein soleil. Placer *I. serrata* à l'ombre pendant le grand soleil de l'été. En hiver, les protéger en dessous de -2 °C ou les rentrer dans une pièce lumineuse et non chauffée en cas de température très basse.

Entretien courant

Arrosage : Bien humidifier le sol et laissez sécher entre deux arrosages, il n'aime pas les excès d'eau, mais c'est un arbre qui boit beaucoup quand il est exposé au soleil. Il préfère une hygrométrie importante. Bassinez le feuillage.
Fertilisation : Une fois par mois au printemps, un ou deux apports à l'automne. Un engrais peu azoté convient bien.
Rempotage : Tous les 2 ans au début du printemps avant que les bourgeons n'apparaissent. Le houx à une forte croissance racinaire, aussi taillez la moitié des racines. Réalisez un mélange d'akadama de gravier et de terreau. Il supporte le calcaire.
Taille : La croissance est lente chez *I. crenata* mais assez vigoureuse pour *I. serrata*. Le houx donne facilement des rejets à la base du tronc, ne les laissez pas pousser. La taille de structure s'effectue en hiver ou au moment du rempotage. Au printemps, taillez les rameaux à la longueur souhaitée. Sur les bonsaïs déjà très ramifiés, pincez régulièrement les pousses, surtout pour *I. crenata*. Supprimez une partie des fruits en hiver s'il y en a trop pour ne pas épuiser l'arbre.

Techniques particulières

Ligature : Possible du printemps à l'été. Attention, les rameaux cassent facilement, les branches sont raides.

Maladies/parasites

Sensible aux acariens et à la mineuse qui creuse des galeries dans les feuilles, supprimez toutes les feuilles qui sont contaminées.

Fruits et feuilles de *Ilex crenata*.

Mélèze

Larix decidua (M. d'Europe), *L. leptolepis* (M. du Japon), *Pseudolarix kaempferi* (M. de Chine)

Le mélèze fait partie des rares conifères qui perdent leurs aiguilles en hiver. *Larix leptolepsis* est plus intéressant pour la culture en bonsaï car ses aiguilles sont toutes petites.

Famille : Pinacées.
Origine : Hémisphère nord.
Feuillage : Aiguilles caduques vertes et molles, insérées en rosette sur les rameaux courts et solitaires sur les jeunes rameaux. Deviennent dorées en automne.
Fruits : À l'automne, cônes rouges puis bruns.
Difficulté : Facile.

Emplacement

Il apprécie le soleil mais placez-le à l'ombre en cas de grosse chaleur ; en effet, en cas de manque d'eau, les aiguilles se dessèchent. Le mélèze est un arbre qui préfère les atmosphères humides. Il est très rustique, mais protégez-le en cas de longue période de gelées.

Entretien courant

Arrosage : En été, arrosez fréquemment, le sol doit toujours être assez humide, il supporte mal la sécheresse surtout si l'air est sec (en particulier les mélèzes d'Asie). Bassinez régulièrement le feuillage au moment de l'arrosage.
Fertilisation : Au printemps et à l'automne, une fois par mois, excepté au moment du rempotage. Augmentez la dose de l'automne avec un engrais organique riche en phosphore et potassium.
Rempotage : En avril tous les 3 ans. Les racines sont épaisses, il est donc utile de les réduire à la moitié de la longueur en coupant de préférence au niveau d'un nouveau départ de racines adventives. Le mélange terreux doit toujours être bien drainant, utilisez de l'akadama seul ou avec un peu de terreau et de gravier.
Taille : Effectuez la taille de structure en hiver quand l'arbre n'a plus d'aiguilles. Pincez les jeunes pousses en bout de branche au printemps et laissez les rameaux plus faibles se développer, puis taillez les ensuite à la bonne longueur au niveau d'une touffe d'aiguille.

Techniques particulières

Ligature : Le mélèze pousse droit, les branches sont souples et il se ligature aisément. Faites attention aux bourgeons lorsque vous posez le fil et laissez le environ 6 mois suivant le résultat obtenu. Répétez l'opération si nécessaire.

Maladies/parasites

Pucerons, cochenille, chenilles et scolytes (creusent des galeries dans le bois).
Dessèchement des pousses (maladie fongique).

Feuilles de mélèze.

Métaséquoia

Metasequoia glyptostroboides

C'est un des rares conifères caduc. Sa croissance rapide en fait un arbre prisé pour le bonsaï car on parvient à lui donner l'allure d'un vieil arbre en peu d'années.

Métaséquoia de 20 ans.

Famille : Taxodiacée.
Origine : Chine.
Feuillage : Caduc. Vert clair lumineux.
Floraison : De 5 à 6 mm, les fleurs femelles sont verdâtres, solitaires et dressées tandis que les fleurs mâles sont jaunes, pendantes et groupées.
Fruits : Les cônes sont globuleux et mesurent environ 3 cm de diamètre.
Difficulté : Facile

Emplacement

Le placer à l'extérieur toute l'année.
Il supporte le plein soleil au printemps mais il est préférable de le mettre à mi-ombre pendant les fortes chaleurs de l'été, le soleil brûlant risquant de brûler le feuillage.

Entretien courant

Arrosage : Le métaséquoia est un arbre qui se plaît dans les milieux humides, voire marécageux, il demande par conséquent beaucoup d'eau. Il résiste mal à la sécheresse, arrosez toujours abondamment quand la terre est légèrement asséchée en surface.
Plus le substrat sera drainant, plus il vous faudra arroser.
Fertilisation : Du printemps à l'automne, environ une fois par mois. Évitez les apports quand les températures sont élevées.
Rempotage : Il produit beaucoup de racines, il est donc nécessaire de le rempoter régulièrement. Tous les 2 ans pour les bonsaïs de petite dimension, et tous les 3, voire 4 ans pour les plus gros. Un mélange à 60 % d'akadama et 40 % terreau convient bien, inutile de drainer davantage les excès d'eau sont rares chez cette espèce si le substrat est adapté.
Taille : La croissance est rapide, pincez les jeunes pousses encore tendres au printemps, surtout en terminaison de branche. Taillez les rameaux tout au long de la saison de croissance. La feuille est composée comme chez le poivrier du Japon (*Zanthoxyllum piperitum*) : attention à bien couper la branche et non la feuille elle-même. Supprimez tous les départs de bourgeons ou pousses mal placées, le métaséquoia en produit beaucoup, il bourgeonne facilement sur le bois ancien.

Techniques particulières

Ligature : De la fin de l'automne jusqu'au milieu du printemps.
Le bois est souple, veillez bien à ce que le fil ne blesse pas l'écorce.

Maladies/parasites

Cochenille et pucerons.

Feuilles de métaséquoia.

Olivier

Olea europaea (olivier commun), *O. europaea sylvestris* (olivier sauvage)

L'olivier sauvage, *O. europaea sylvestris*, possède des fruits et des feuilles plus petits : il est plus adapté pour le bonsaï que l'olivier commun.

Olea europaea au style shakan.

Famille : Oléacées.
Origine : Afrique, Asie et Europe méditerranéenne.
Feuillage : Persistant. Feuilles opposées ovales gris-vert, coriaces, argentées en dessous chez *O. europaea*.
Floraison : Petites fleurs blanc crème en mai-juin.
Fruits : Drupes ovales (olive) en octobre-novembre vertes ou noires.
Difficulté : Facile.

Emplacement

À l'extérieur, l'olivier demande beaucoup de soleil et de lumière. Supporte bien les grosses chaleurs de l'été. En hiver, dans les régions au nord de la Loire, il est préférable de le placer dans une pièce autour de 5 °C, il ne supporte pas les grands froids.

Entretien courant

Arrosage : Abondant pendant l'été mais attendez que toute l'humidité soit absorbée entre deux arrosages. L'olivier craint autant l'excès d'eau que la sécheresse. Réduire la quantité d'eau apportée pendant la saison hivernale.
Fertilisation : Un apport d'engrais une fois par mois de début mars à fin juin et début septembre à fin novembre, augmentez la dernière dose si l'arbre reste dehors pendant l'hiver avec un engrais riche en phosphore et potassium, ce qui l'aidera à mieux résister au froid.
Rempotage : Tous les 2 à 3 ans en avril. Le substrat doit être drainant, l'olivier n'apprécie pas les excès d'humidité. Un mélange avec au moins 50 % d'akadama, en ajoutant éventuellement du terreau, mais en prenant garde au drainage. Dans la nature, les oliviers poussent dans des sols pauvres et pierreux.
Taille : En mars-avril, juste avant le bourgeonnement, coupez les branches qui poussent vers le haut ou le bas, elles déforment la structure de l'arbre. Il réagit très bien à la taille, raccourcir les rameaux de mars à novembre dès qu'ils se sont longuement développés. Éliminez les rejets qui sont fréquents.

Techniques particulières

Ligature : Toute l'année. Ne pas laisser le fil de cuivre plus de 3 mois.

Maladies/parasites

Chenilles, cochenilles, oïdium.

Petites feuilles d'un *sylvestris*.

Orme de Chine

Ulmus parvifolia

Sa résistance et sa vigueur en font un arbre très recommandé pour les débutants, car même après un petit oubli d'arrosage, il redémarre facilement.

Orme de Chine de style Hokidashi.

Famille : Ulmacées.
Origine : Chine.
Feuillage : Semi-persistant, voire persistant. Petites feuilles dentelées vert foncé.
Floraison : Tardive en septembre, assez rare en bonsaï.
Fruits : Octobre-novembre. Ils sont appelés samares.
Difficulté : Très facile.

Emplacement

Extérieur. Il supporte bien les grosses chaleurs mais il doit être protégé du soleil brûlant, entretenez toujours une certaine humidité. En hiver, il tolère le froid jusqu'à -5 °C mais protégez-le si le gel persiste plusieurs jours en le mettant dans une pièce non chauffée et lumineuse.

Entretien courant

Arrosage : Abondant en été, mouillez généreusement le feuillage. En hiver, attendez que la terre sèche entre deux arrosages.
Fertilisation : Une fois par mois au printemps et une fois par mois à l'automne.
Rempotage : Procédez au rempotage tous les 2 à 3 ans au printemps avec 60 % d'akadama et 40 % de gravier. Vous pouvez également rajouter du terreau tamisé au mélange.
Taille : La taille ne présente aucune difficulté. Effectuez deux à trois tailles par an, voire plus si nécessaire vu la vigueur de l'espèce. Coupez les extrémités des rameaux pour lui garder sa forme initiale. L'hiver, supprimez les branches mal placées et les bois morts à l'intérieur de la ramure.

Techniques particulières

Ligature : À n'importe quel moment de l'année, de préférence en hiver avec un fil de cuivre à laisser 3 à 4 mois.

Maladies/parasites

L'orme de Chine est un régal pour les acariens, dont la présence se trahit souvent par une chute inexpliquée des feuilles vertes. N'hésitez pas à passer le dessous du feuillage sous la douche pendant la saison estivale deux à trois fois par mois ou à chaque arrosage, surtout si l'atmosphère est sèche.

INTÉRIEUR OU EXTÉRIEUR... ?

Il est à tort souvent vendu comme bonsaï d'intérieur, mais il s'agit pourtant bien d'un arbre d'extérieur qui doit absolument rester dehors toute l'année ! Selon les arbres, ils peuvent perdre toutes leurs feuilles ou seulement quelques-unes en hiver.

Feuilles d'un orme de Chine.

Orme de Chine d'une dizaine d'années au style Bankan.

Pin blanc

Pinus pentaphylla

Appelé « Goyo Matsu » en japonais, c'est le symbole de l'immortalité au Japon. Il est la représentation typique du bonsaï.

Pin blanc au style Myogi.

Famille : Pinacées.
Origine : Japon.
Feuillage : Persistant. Les aiguilles de 4 à 5 cm de long sont réunies en faisceaux par cinq.
Floraison : Printemps (discrète), les cônes mâles 5-6 mm sont rouge-violet et libèrent le pollen jaune en s'ouvrant.
Fruits : Petits cônes brun foncé présents très longtemps.
Difficulté : Moyenne.

Emplacement

Plein soleil. C'est un arbre qui demande beaucoup de lumière. Il supporte bien la chaleur mais se méfier des températures trop élevées. Un peu d'ombre lui conviendra en été.

Entretien courant

Arrosage : Abondamment en été, en laissant sécher la terre entre deux arrosages. Vaporisez le feuillage. Il apprécie les ambiances humides. En hiver, à l'abri des pluies, arrosez lorsque la terre est bien sèche en surface.
Fertilisation : Une ou deux fois au printemps puis une fois au début de l'automne.
Rempotage : Tous les 3 à 5 ans. Conservez un peu de l'ancienne terre qui contient des mycorhizes indispensables à sa réimplantation ; 70 % d'akadama et 30 % de sable de rivière.
Taille : Au printemps, entre avril et mai, pincez les chandelles (bourgeons qui formeront les futurs paquets d'aiguilles). Ce pinçage peut s'étaler sur plusieurs semaines selon la rapidité avec laquelle elles grandissent. En octobre, taillez les rameaux qui ont trop grandi et qui risquent de modifier sa structure. Coupez au-dessus d'un bourgeon apparent ou d'une grappe d'aiguilles sur une pousse vigoureuse sans couper les aiguilles et laissez deux à trois niveaux d'aiguilles.

Cône femelle.

Techniques particulières

Ligature : Ligaturez pendant l'automne ou l'hiver. Laissez le fil de cuivre sur les branches jusqu'au début de l'été.

Maladies/parasites

Parasites : pucerons et cochenilles.
Maladie rouge du pin : les aiguilles des branches basses jaunissent en hiver. Détruire les parties abîmées et traiter avec un produit fongicide biologique.

Aiguilles de pin blanc.

Pin blanc du Japon de 25 ans dans une conque artisanale.

Pin noir

Pinus thunbergii

Tout comme le pin blanc, il est très populaire au Japon, en particulier pour son écorce écailleuse qui lui donne l'aspect d'un vieil arbre.

Pin noir d'une vingtaine d'années.

Famille : Pinacées.
Origine : Japon.
Feuillage : Persistant. Les aiguilles mesurent entre 7 et 10 cm et sont groupées par deux.
Floraison : Printemps (très discrète).
Fruits : Cônes ovoïdes bruns.
Difficulté : Moyenne.

Emplacement

À l'extérieur toute l'année, en plein soleil. Il a besoin de beaucoup de luminosité.

Entretien courant

Arrosage : Même s'il résiste bien à la sécheresse, arrosez abondamment dès que la terre est sèche en surface. En cas de température élevée, mouillez les aiguilles. En hiver, pas d'excès d'humidité, placez-le dehors dans un endroit froid mais sec avec de la lumière. Arrosez lorsque la terre est sèche.
Fertilisation : Deux apports au printemps et un à l'automne. Lorsque l'arbre est âgé, un seul apport au printemps et un à l'automne suffisent.
Rempotage : Tous les 3 à 5 ans. Les pins sont très délicats, utilisez un mélange parfaitement drainant. Conservez un peu d'ancienne terre qui contient des mycorhizes ; 70 % d'akadama et 30 % de sable de rivière (la proportion peut varier en fonction du climat).
Taille : Procédez comme pour le pin blanc mais les chandelles ne portent pas d'aiguilles sur 1 à 2 cm à leur base. Il faut donc couper au-dessus de la première rangée d'aiguilles à partir de la base. Il existe cependant plusieurs techniques de pincement bien spécifiques au pin noir suivant l'état d'avancement du bonsaï. En hiver, taillez les rameaux de l'année surtout sur le haut de la ramure de préférence à hauteur d'un bourgeon.

Pinus thunbergii corticosa mamé.

Techniques particulières

Ligature : Effectuez la ligature en automne ou en hiver. Sa pousse étant assez forte, vous pouvez laisser le fil jusqu'au début de l'été.

Maladies/parasites

Possibles attaques de pucerons et de cochenilles.

Pommier

Malus cerasifera, M. halliana, M. sieboldii

Les pommiers d'ornement sont très appréciés en bonsaï pour leurs fleurs aux printemps et leurs fruits à l'automne. Il en existe de nombreuses variétés.

Pommier d'une trentaine d'années.

Famille : Rosacées.
Origine : Japon et Chine.
Feuillage : Caduc. Coloré à l'automne.
Floraison : Avril-mai. De couleur blanche-rose pâle.
Fruits : À l'automne, petites pommes jaunes à rouge vif, comestibles mais sans grande saveur.
Difficulté : Facile.

Emplacement

À l'extérieur toute l'année. Beaucoup de lumière, surtout au printemps pour éviter l'allongement des entre-nœuds. L'été, une place à la mi-ombre est préférable pour éviter le dessèchement des feuilles. Résiste bien au gel mais à protéger en dessous de -5 °C.

Entretien courant

Arrosage : Pour alimenter ses fruits, il a besoin de beaucoup d'eau ; en été, soyez généreux sur l'arrosage et ne laissez pas trop sécher la terre. En hiver, arrosez lorsque la terre est sèche en surface.

Fertilisation : Quatre fois par an, deux au printemps et deux à l'automne.

Rempotage : Au printemps, tous les 2 ans : 60 % d'akadama, 30 % de terreau et 10 % de gravier.

Taille : Après la floraison, taillez les rameaux à deux yeux. C'est un arbre qui pousse beaucoup lorsqu'il est correctement engraissé : plusieurs tailles successives peuvent être effectuées. Pour une belle floraison chaque année, il sera nécessaire d'enlever une partie des pommes durant l'année, voire la totalité, avant la fin de l'automne, surtout si les apports en eau/engrais sont réduits ou si l'arbre est faible. Évitez la taille en hiver afin de ne pas supprimer les bourgeons floraux, sauf si l'objectif est de structurer le bonsaï.

Techniques particulières

Ligature : La taille de structure donne déjà de très bons résultats, mais la ligature est possible pendant la saison hivernale.

Maladies/parasites

Cochenilles, pucerons et acariens. Oïdium et feu bactérien.

Fleur de pommier *cerasifera*.

Potentille

Potentilla fruticosa

De nombreuses variétés se différencient par la couleur de leurs fleurs qui éclosent au bout des branches tout au long de l'été. Son écorce s'exfolie avec l'âge.

Famille : Rosacées.
Origine : Zones tempérées de l'hémisphère nord.
Feuillage : Caduc. Vert dessus, plus pâle en dessous.
Floraison : Fleurs jaunes-orange en juillet jusqu'en septembre. Donne des fruits appelés « akène ».
Difficulté : Facile.

Potentille âgée de 8/9 ans.

Emplacement

La potentille est un arbuste de montagne, qui résiste très bien au froid et supporte aussi le soleil. Placez votre bonsaï à l'extérieur dans un endroit très lumineux, en plein soleil au printemps, à la mi-ombre en cas de trop forte chaleur l'été. Protégez l'hiver si le gel dure plusieurs jours ou franchit la barre des -10 °C. C'est une espèce rustique mais n'oubliez pas que la plante vit dans un pot et non en pleine terre, la résistance est donc nettement moindre.

Entretien courant

Arrosage : Attendez que la terre sèche légèrement entre deux arrosages abondants. La potentille craint la sécheresse, surtout en pleine floraison estivale lorsque le besoin en eau est important. L'hiver, arrosez en quantité moins importante, laissez bien le substrat s'assécher, la potentille est plus sensible aux excès d'eau.

Fertilisation : Une fois par mois de mars à juin puis de septembre à novembre.

Rempotage : Peu sensible quant à la nature du sol. Rempotez tous les 2 ans, tôt au printemps au moment du débourrement, avant la floraison. Un mélange drainant avec au minimum 60 % d'akadama, 40 % de terreau ; ajoutez du gravier fin suivant le drainage souhaité.

Taille : Effectuez la taille de structure en hiver en coupant les branches assez court. Après floraison, enlevez les fleurs fanées et taillez les rameaux trop longs en laissant deux ou trois feuilles. La croissance est moyenne mais plusieurs tailles peuvent être effectuées si l'arbre pousse beaucoup.

Techniques particulières

Ligature : Possible toute l'année.

Maladies/parasites

Araignées rouges et jaunes, chenilles, cochenilles et pucerons. Oïdium, mais rarement.

Feuilles d'une potentille.

Pyracantha

Pyracantha angustifolia

On le cultive en bonsaï pour sa floraison abondante au printemps donnant par la suite des petites baies regroupées en grappe, très décoratives, d'autant plus qu'elles restent en place durant l'hiver.

Famille : Rosacées.
Origine : Chine.
Feuillage : Semi-persistant, feuille oblongue vert foncé et brillante.
Floraison : Mai-juin. Fleurs blanches.
Fruits : Septembre-octobre persistant pendant l'hiver. Baies rouges, orange ou jaunes suivant les variétés. Attention aux oiseaux qui mangent les fruits.
Difficulté : Facile.

Pyracantha âgé de 15 ans.

Emplacement

À l'extérieur. Peu exigeant, il supporte bien le soleil. En période de canicule placez-le à la mi-ombre. En hiver, le protéger au-dessous de -2 °C.

Entretien courant

Arrosage : Il demande beaucoup d'eau en été pour alimenter ses fruits, attendez que la terre sèche bien en surface surtout si le pot est profond. Il apprécie les atmosphères humides. En hiver, continuez l'arrosage surtout si l'arbre a conservé une bonne partie de son feuillage.

Fertilisation : Faites des apports réguliers une fois par mois avec un engrais riche en phosphore et potassium pour les fleurs et fruits, ou riche en azote si vous préférez favoriser la croissance.

Rempotage : Tous les 2 ou 3 ans dans un mélange de 70 % d'akadama et 30 % de gravier/kyriu. Le pyracantha supporte mal les excès d'eau, assurez-vous que le substrat est bien drainant.

Taille : La croissance est assez vigoureuse si l'arbre est correctement engraissé. Taillez après la floraison en laissant 2 nœuds sur chaque rameau, sauf sur ceux qui portent les fruits si vous souhaitez les conserver. En hiver, effectuez la taille de structure en éliminant les branches mal placées.

Techniques particulières

Ligature : Possible toute l'année, laissez les fils environ 6 mois.

Maladies/parasites

Rarement cochenilles et pucerons. Très sensible au feu bactérien (certaines variétés sont résistantes) : éliminez les parties contaminées, attention aux autres bonsaïs de la famille des Rosacées car la maladie est contagieuse.

Fruits et feuilles d'un pyracantha.

Zelkova

Zelkova serrata

Aussi appelé orme du Japon, c'est un arbre sacré dans ce pays. En bonsaï, on le forme souvent en style « balai » avec ses racines étalées à la base du tronc.

Famille : Ulmacées.
Origine : Japon.
Feuillage : Caduc. Les feuilles sont vertes, dentées, se colorent de rouge-orange, parfois jaune à l'automne.
Floraison : Sans intérêt.
Difficulté : Moyenne.

Zelkova en feuillage d'automne jaune.

Emplacement

Extérieur, en pleine lumière, indispensable pour que les couleurs automnales soient bien vives et les feuilles pas trop grandes. Évitez tout de même le plein soleil pendant les épisodes de canicule. En hiver, protégez-le dès -5 °C.

Entretien courant

Arrosage : Le zelkova n'a pas de besoin particulier. Souvent cultivé dans des poteries plates, dans lesquelles le substrat sèche très vite, soyez vigilant. Attendre que la terre sèche en surface et bassinez le feuillage. Il n'aime pas les vents chauds et secs. En hiver, arrosez moins fréquemment et dès que la terre est bien sèche en surface.

Fertilisation : Deux apports au printemps et un à l'automne. Utilisez de préférence un engrais organique à diffusion lente.

Rempotage : Tous les 2 ans pour les jeunes bonsaïs, 3 ou 4 pour les plus âgés. Plus la poterie est petite, plus il faut rempoter souvent, avec un mélange de 75 % d'akadama et 25 % de kiryu. Bien disposer les racines pour obtenir un nébari harmonieux autour du tronc.

Taille : Pincez les jeunes pousses au printemps en laissant 2 ou 3 feuilles suivant la vigueur du rameau. Taillez pendant toute la saison de croissance, supprimez les départs de branches mal placés et les pousses au niveau du tronc. Les tailles successives permettent de bien réduire la dimension des feuilles. En hiver, supprimez les branches mortes et effectuez la taille de structure.

Techniques particulières

Ligature : Pas nécessaire, pour la forme balai, la taille de structure convient bien.

Maladies/parasites

Il est très résistant aux maladies et parasites. Cochenille rarement, araignée rouge/jaune.

Zelkova en feuillage d'automne rouge-orange.

Zelkova d'une dizaine d'années.

Petit lexique

CONNAÎTRE LES MOTS COURANTS ET LES TECHNIQUES EST UNE CHOSE IMPORTANTE, C'EST POURQUOI NOUS AVONS DRESSÉ UNE LISTE, NON EXHAUSTIVE, DES MOTS LES PLUS UTILISÉS DANS LE MILIEU DU BONSAÏ POUR VOUS PERMETTRE DE MIEUX APPRÉHENDER CET UNIVERS.

Apex : Bourgeon terminal à la cime d'un arbre.

Axillaire : Bourgeon le long d'un rameau, à l'aisselle d'une feuille.

Dioïque : Se dit d'un arbre dont les fleurs sont unisexuées et portées par des plants différents.

Dormant : Qualifie un œil en attente pouvant devenir un futur rameau.

Foliole : Aussi appelée penne, il s'agit d'une pièce faisant partie de la feuille. Elle ressemble à une feuille, mais elle n'en est pas une, elle s'intègre dans une feuille composée et est toujours accompagnée par d'autres folioles.

Gourmand : Pousse ne se situant pas à une place désirée et qui détourne la sève de l'arbre au détriment d'autres branches. Généralement, on le retire avant qu'il ne prenne trop d'ampleur.

Houppier : Partie supérieure de l'arbre portant des feuilles.

Nebari : Terme japonais signifiant « racines affleurantes ». Il s'agit donc de la base du collet et des racines apparentes à la surface du sol. C'est l'une des premières parties que l'on regarde en premier chez un bonsaï pour le choisir.

Œil : Petit bourgeon.

Pincer : Action de tailler une branche très jeune encore non lignifiée avec les ongles de son pouce et de son index.

Stomate : Petit orifice placé sur les feuilles qui permettent les échanges gazeux entre l'arbre et l'air ambiant.

Substrat : C'est le mélange de terre que l'on utilise pour rempoter un arbre.

Yamadori : *Yama* signifiant « dans la montagne » et *dori* : « prendre », on peut le traduire par « prendre en montagne ». Il s'agit d'un arbre prélevé dans la nature souvent de petite taille car ayant poussé dans un endroit escarpé avec peu de terre.

Ci-contre : deux pins blancs d'une hauteur de 90 cm (Omono) enserrant une roche (style Sekijoju).
À droite : coupe d'un gourmand sur un cèdre du Liban.

Index des espèces

Fusain (*Euvonymus*) portant ses couleurs flamboyantes d'automne.

ELODIE REMERCIE :
Aurélie, ma mère, ma grand-mère
et ma famille qui ont toujours cru en moi
et mes projets fous.
Ruben et Oscar, mes plus grands supporters.
Antoine Isambert qui m'a fait confiance.

Le Petit Arbre
8 Place d'Adamville Kennedy
94100 Saint-Maur-des-Fossés
www.lepetitarbre.fr

Elodie Marconnet

Nicolas Coulon

CRÉDITS
Toutes les photographies sont d'Elodie Marconnet, sauf :
- Biosphoto : pp. 42 (g), 43 (m et d), 44, 45, 91 (bd), 102 (b).
- Fotolia : p. 113 (b)
- Jardins.photos : collection Rémy Samson : 98 (h), 114 (h et b); collection Jean-Louis Mandolin : 103 (h), 115.
- Shutterstock : p. 19 (h), 102 (h).

Couverture : Toutes les photographies sont d'Elodie Marconnet, sauf : Fotolia, 1ère de couverture (b).

Les illustrations ont été réalisées par Maëlle Le Toquin : rabat gauche de couverture, pp. 10, 11 et 13.

24, rue de Mogador
75009 Paris
Tél. : 01 48 05 03 03
Fax : 01 48 05 02 04
www.editions-ulmer.fr
Retrouvez-nous sur Facebook et Instagram

Réalisation : Julia Verneau
Suivi éditorial : Raphaèle Dorniol
Impression : Printer Trento, srl
ISBN : 978-2-84138-946-9
N° d'édition : 946-05
Dépôt légal : septembre 2018
Printed in Italy

FSC www.fsc.org
MIXTE
Papier issu de sources responsables
FSC® C015829